法学系列教材

经济法
案例解析精选

（第二版）

Analysis on the Case of Economic Law

主　编　高晋康

西南财经大学出版社

图书在版编目(CIP)数据

经济法案例解析精选/高晋康主编.—2版.—成都:西南财经大学出版社,2016.2

ISBN 978-7-5504-2333-6

Ⅰ.①经… Ⅱ.①高… Ⅲ.①经济法—案例—中国—高等学校—教学参考资料 Ⅳ.①D922.290.5

中国版本图书馆CIP数据核字(2016)第040374号

经济法案例解析精选(第二版)
主编:高晋康

责任编辑:刘佳庆
封面设计:杨红鹰 张姗姗
责任印制:封俊川

出版发行	西南财经大学出版社(四川省成都市光华村街55号)
网　　址	http://www.bookcj.com
电子邮件	bookcj@foxmail.com
邮政编码	610074
电　　话	028-87353785　87352368
印　　刷	四川森林印务有限责任公司
成品尺寸	185mm×260mm
印　　张	11
字　　数	230千字
版　　次	2016年2月第2版
印　　次	2016年2月第1次印刷
印　　数	1—2000册
书　　号	ISBN 978-7-5504-2333-6
定　　价	22.00元

1. 版权所有,翻印必究。
2. 如有印刷、装订等差错,可向本社营销部调换。
3. 本书封底无本社数码防伪标识,不得销售。

再版前言

为帮助学生学习经济法或经济法律通论课程，我们以高晋康教授主编的《经济法》为基础编写了这本案例解析精选。

本次修订，主要对部分法律法规进行了更新，用一些新的经典案例替换了老案例，并对上一版的错误进行了修正。

本书由高晋康教授担任主编，具体章节的撰写人员分别是：

第一章　王伦刚

第二章、第十五章　鲁篱、吕晶

第三章　牛忠江

第四章　喻敏

第五章　胡启忠

第六章　赵宇霆

第七章、第八章　辜明安

第九章　廖振中

第十章　刘文

第十一章　王伦刚、章群

第十二章　王远均

第十三章、第十四章　梁继红

由于本案例解析精选是由集体编撰而成的，各位作者对问题的把握各有侧重，写作风格也不尽相同，由此可能给读者带来一些阅读上的麻烦，敬请谅解。另外，由于编者水平有限，本书错谬之处在所难免，恳请读者指出，以便再版时修正提高。

编者

2015 年 12 月

目录

第一章　导论　1
【案例一】　拒绝"人造美女"参赛与民法的平等原则　1
【案例二】　未在机票上载明乘机地点与诚实信用原则　2
【案例三】　财产遗赠与公序良俗　4

第二章　民事法律关系　6
【案例一】　民事法律关系的构成要素　6
【案例二】　主权利与从权利　8
【案例三】　民事法律事实与法律关系　10
【案例四】　未成年人的民事权利能力　11
【案例五】　未成年人的民事行为能力　12

第三章　民事法律行为和代理　14
【案例一】　事实行为与法律行为　14
【案例二】　以合法形式掩盖非法目的的法律行为的效力　16
【案例三】　违反法律法规"强制性规定"的法律行为的效力　19
【案例四】　妻子以丈夫名义出卖房屋是否构成表见代理　21
【案例五】　挂靠机构被注销后所为法律行为的效果　23
【案例六】　无权代理的责任承担　25

第四章　诉讼时效　28
【案例一】　无还款期限之债的诉讼时效的认定　28
【案例二】　诉讼时效的中断　30

第五章　物权法原理　33
【案例一】　买家选定的家具被烧毁的损失承担　33
【案例二】　物权人对于物的追及权　35
【案例三】　房屋登记与所有权归属的确认　38
【案例四】　利用他人国库券存单作质押担保的效力　42
【案例五】　在为他人检修故障车过程中受伤与留置权的成立　48

第六章　知识产权法原理　53
　　【案例一】"中华女子十二乐坊"著作权问题　53
　　【案例二】"火边子"牛肉与商标纠纷　55
　　【案例三】"火边子"牛肉与商标纠纷（续）　57
　　【案例四】公知技术与专利侵权的认定　59

第七章　债权法基本原理　63
　　【案例一】不当得利与违约责任　63
　　【案例二】债权转让协议的法律适用　65
　　【案例三】擅自使用他人肖像出版图书的侵权责任　67

第八章　合同法基本原理　71
　　【案例一】离婚协议与《合同法》的适用范围　71
　　【案例二】要约邀请与要约的区分　73
　　【案例三】附条件的合同的法律效力　75
　　【案例四】对未以书面形式订立的房屋买卖合同效力的认定　77
　　【案例五】显失公平合同的效力　80
　　【案例六】可撤销合同的效力问题　82
　　【案例七】预期违约请求权与不安抗辩权的法律适用　84
　　【案例八】履行瑕疵的违约责任　87

第九章　劳动合同法　91
　　【案例一】雇佣关系与劳动关系　91
　　【案例二】当事人的如实陈述与招工条件的解释　93
　　【案例三】竞业禁止条款及其约束力　95
　　【案例四】劳动者过错与用人单位的劳动合同解除权　98
　　【案例五】用人单位迫使劳动者解除劳动合同且不出具解除劳动证明书的法律后果　100

第十章　企业法与公司法　103
　　【案例一】股权继承开始后作出修改公司章程的股东会决议的效力　103
　　【案例二】一个股东控制的两个一人有限责任公司财产混同时，股东对公司债务的责任承担　105
　　【案例三】召集程序和表决方式有瑕疵的股东会决议的效力　107
　　【案例四】破产管理人的任职资格　110
　　【案例五】设定担保的企业财产是否属于破产财产　113

第十一章　证券法　116

- 【案例一】证券业协会的法律性质和职能　116
- 【案例二】证券服务机构勤勉尽责的法定义务　117
- 【案例三】证券公司在证券承销中剩余证券的买入问题　119
- 【案例四】基金信息披露监管立法存在的问题　120

第十二章　票据法　122

- 【案例一】时效届满后持票人的利益返还请求权　122
- 【案例二】伪造出票人签章的票据责任承担　123
- 【案例三】低价转让票据的行为的效力　124
- 【案例四】附条件的票据保证的效力　125
- 【案例五】银行对其承兑的他人欺诈出票的票据兑付责任　127

第十三章　现代竞争法　128

- 【案例一】比较广告与不正当竞争行为　128
- 【案例二】律师事务所与《反不正当竞争法》所称经营者的范围　131
- 【案例三】真实但贬低竞争对手的广告与《反不正当竞争法》规制的对象　134
- 【案例四】纵向垄断协议中控制最低转售价格之处理　135
- 【案例五】商业秘密的构成以及如何确定竞业禁止条款的效力　140

第十四章　税法　143

- 【案例一】未经审核的进项税额能否抵扣　143
- 【案例二】为他人虚开增值税专用发票后又为自己虚开，抵扣数额及损失数额的计算　146
- 【案例三】行政程序中相对人的举证义务　148
- 【案例四】法院对税务机关的级别管辖问题　151
- 【案例五】税务机关的主体资格及具体行政行为的合法性　153

第十五章　银行法　157

- 【案例一】存单与银行底单不一致时的责任承担　157
- 【案例二】银行对他人盗窃密码伪造银行卡取走存款造成损失的民事责任　159
- 【案例三】银行挂失电话冗长致客户存款被转走的责任承担　161
- 【案例四】银行对储户的安全保障义务问题　162
- 【案例五】银行承担安全保障义务的范围　164
- 【案例六】银行的保密义务问题　166

第一章 导论

【案例一】拒绝"人造美女"参赛与民法的平等原则

一、案情简介[①]

杨媛,女,出生于河南省镇平县农村,身高1.73米,长相不漂亮,但她想从事模特行业。某年3月,杨媛到北京加入"北漂一族",到一些模特公司去应聘模特,因为长相平平,频频遭到拒绝。某年2月,杨媛做了整容手术,包括填太阳穴、去下颌角、隆鼻、厚唇变薄、矫正牙齿、绣唇、绣眼线、脱发际线等共11项,手术后她变成了美女。同年5月,北京天九伟业文化传媒有限公司举办"第33届环球洲际小姐北京大赛"。杨媛报名参加了初赛,并与其他79名选手一起进入复赛,后又与其他30名选手一起进入决赛。5月21日下午,北京天九伟业文化传媒有限公司通知杨媛取消其参赛资格。媒体迅速报道了"人造美女"被拒绝参加比赛的消息。5月26日,北京天九伟业文化传媒有限公司又通知杨媛,称大赛组委会恢复了她的比赛资格,但杨媛接到通知后却来到组委会当面撕毁了恢复参赛的通知。

同年6月1日,杨媛将北京天九伟业文化传媒有限公司告上法庭。杨媛诉称,被告公司称其为"人造美女",对其构成了歧视,侵害了其名誉权,因而要求被告赔礼道歉,并赔偿损失5万元。6月3日,法院正式受理此案。经过审理后,7月20日作出宣判,驳回了原告杨媛的全部诉讼请求。对于法院的判决,杨媛不满意,但她并未提起上诉。

二、思考与练习

本案中,举办方北京天九伟业文化传媒有限公司拒绝"人造美女"杨媛参赛的行为

[①] 案情由笔者根据相关材料编写。

是否违反了平等原则？

三、分析与点评

我国《中华人民共和国民法通则》（以下简称《民法通则》）第三条规定："公民在民事活动中的地位平等。"这在民法上确立了平等原则。平等有多种含义，总而言之，有法律面前的平等、法律中的平等和不得歧视的特别命令三种。歧视是没有合理理由的不平等对待，它基于种族、宗教、政治等方面的原因让个人或集体处于低下地位。我国《民法通则》第三条的规定属于不得歧视的特别命令。[①] 因此，看民事活动是否违背了平等原则，标准就是看其行为是否违反了不得歧视的特别命令。而歧视与否，主要看一方是否同等对待了对方及其第三人。

据此判断，本案中只要北京天九伟业文化传媒有限公司事先规定了合法的或者社会常理能接受的选美规则、按照规则来同等对待所有参赛选手，那么就不存在歧视问题。但"人造美女"能否参加选美，本案中公司恰恰并未事先声明。那么，比赛中举办方的拒绝行为是否构成歧视？这就存在一个对比赛规则的解释问题。如果北京天九伟业文化传媒有限公司能合理解释，规则中事先含有拒绝"人造美女"参赛的意思，那么其拒绝行为并未违背平等原则，其行为就不构成歧视。

根据私法自治理念，民事活动只要不违背法律的强制性规定，公司自己的比赛规则应该被赋予解释权。因此，北京天九伟业文化传媒有限公司应该对自己拒绝"人造美女"的行为的合理性进行解释。如果其理由不违背法律，也不违背社会常理，其拒绝"人造美女"的行为就不构成歧视，也就并不违背我国民法的平等原则；反之，则构成歧视，并违背平等原则。

【案例二】 未在机票上载明乘机地点与诚实信用原则

一、案情简介[②]

原告：杨艳辉

被告：中国南方航空股份有限公司

被告：上海民惠航空服务有限公司

2003年1月29日，原告杨艳辉通过电话向被告民惠公司预订一张去厦门的机票，

[①] 徐国栋. 平等原则：宪法原则还是民法原则 [J]. 法学，2009 (3)：69.
[②] 案例来源：杨艳辉诉南方航空公司、民惠公司客运合同纠纷案 [OL]. 中国最高人民法院网. http://vip.chinalawinfo.com/Newlaw2002/SLC/SLC.asp? Db＝fnl&Gid＝117507818.

并言明要在上海虹桥机场登机。民惠公司工作人员第二天送票上门，机票载明：出发地是上海 PVG，出发时间是 2003 年 1 月 30 日 16 时 10 分，票价 770 元，不得签转。机票上还载明航空旅客须知，其中有"在航班规定离站时间前 2 小时以内要求退票，收取客票价 20% 的退票费"等内容。机票上没有特别说明登机的地点不是虹桥，而载明的出发地是"上海 PVG"。

杨艳辉到上海虹桥机场出示这张机票时，机场工作人员告知其应到上海浦东机场乘坐该航班。杨艳辉当即要求南航公司驻虹桥机场的办事处为她签转，但办事处工作人员说这是九折购买的机票，不能签转，可以退票后改乘其他航班。15 时零 4 分，杨艳辉在南航公司驻虹桥机场办事处办理了申请退票的手续，并以 850 元购买了当日 21 时上海至厦门的全价机票，并在机场滞留了六小时之久才到了厦门。

返回上海后，杨艳辉到南航公司办理退票手续，杨艳辉主张全额退还票款，又被告知按规定只能退还票面金额的 80%。杨艳辉认为，自己退票和在机场的滞留完全是南航公司、民惠公司的行为即不明确告知乘机地点造成的，于是上诉到法院，请求判令两被告退还机票款 770 元、赔偿经济损失 700 元，判令两被告在其出售的机票上标明机场名称。

另外，中国民航总局曾于 2000 年 4 月下发《关于各航空公司 2000 年全部使用自动打票机填开旅客客票的通知》，要求国内各航空公司均应在 2000 年内安装 BSP 自动打票机，今后全部使用自动打票机填开旅客客票，废除手写机票。

根据《中华人民共和国合同法》（以下简称《合同法》）第六十条第二款"当事人应当遵循诚实信用原则，根据合同的性质、目的和交易习惯履行通知、协助、保密等义务"的规定，上海市徐汇区人民法院认为：杨艳辉与南航公司是该客运合同的主体，被告民惠公司是机票销售代理商，不是本案合同主体；上海有虹桥、浦东两大机场，确实为上海公民皆知，但这两个机场的专用代号（SHA、PVG），却并非上海公民均能通晓。南航公司在机票上仅以"上海 PVG"来标识上海浦东机场，以致原告杨艳辉因不能识别标识而未能在约定的时间乘坐上约定的航空工具，南航公司应承担履行附随义务不当的过错责任。因此，参照《合同法》第二百九十九条关于迟延运输处理办法的规定，"承运人应当按照客票载明的时间和班次运输旅客。承运人迟延运输的，应当根据旅客要求安排改乘其他班次或者退票"，上海市徐汇区人民法院于 2003 年 4 月 10 日判令被告南航公司退还原告杨艳辉机票款 770 元，并赔偿原告杨艳辉 80 元，其他诉讼请求不予支持。

二、思考与练习

本案中南方航空公司未在机票上载明乘机地点的行为是否违反了诚实信用原则？

三、分析与点评

民法中诚实信用原则源远流长，经历了罗马法、中世纪、近代和现代民法四个阶段的发展。① 时至今日，有学者甚至称诚实信用原则为"帝王条款"。② 我国《民法通则》第四条规定："民事活动应当遵循自愿、公平、等价有偿、诚实信用的原则"。《合同法》第六条也规定："当事人行使权利、履行义务应当遵循诚实信用原则"。可见，诚实信用原则不仅是我国《合同法》的基本原则，而且贯穿我国民法。在《合同法》中，诚实信用原则是双方当事人之间法定权利义务的法理基础。违背诚实信用原则具体体现为当事人不履行合同运行过程中的所有法定义务，包括《合同法》第四十二、第四十三条规定的先合同义务、《合同法》第六十条规定的附随义务和《合同法》第九十二条规定的后合同义务。

在本案中，南航公司作为运输合同的一方主体，虽然在机票上以"上海 PVG"标识上海浦东机场，但却因为没有告知杨艳辉具体的乘机地点，造成杨艳辉未能在约定时间乘坐上飞机。因此，南航公司的行为属履行不当，违反了《合同法》第六十条规定的告知与协助义务。据此判断，上海市徐汇区人民法院的判决完全正确。

【案例三】 财产遗赠与公序良俗

一、案情简介

黄永彬和蒋伦芳都是四川省泸天化集团公司404分厂的职工，于1963年结婚。由于蒋伦芳没有生育子女，他们夫妇俩便抱养了一个儿子。1996年，50多岁的黄永彬认识了33岁的张学英。张学英是一个离过婚的女人，有一个10岁的儿子，她带着儿子做烧烤生意。1997年，黄永彬和张学英同居。第二年，张学英生育一女，起名黄欣。

2001年4月，因被确诊为肝癌晚期，黄永彬立下遗嘱并经四川省泸州市纳溪区公证处公证，愿将其所得住房补贴金、公积金、抚恤金和卖房所获款的一半4万余元及自己的手机等共计6万元的财产遗赠给张学英。黄永彬去世后，张学英向蒋伦芳索要黄永彬的遗产但遭到拒绝。于是，张学英将蒋伦芳告上法庭，要求获取受赠财产。

2001年10月，泸州市纳溪区法院一审判决驳回原告张学英的诉讼请求。一审判决之后，张学英上诉到泸州市中级人民法院。2001年12月，泸州市中院以黄永彬与张学英长期非法同居，黄永彬在病重期间所立遗嘱违反法律和社会公众利益，遂根据《民法通则》第七条的规定，认定该遗嘱违反社会公德，损害公共利益，并根据《民法通则》第五十八条的规定，认定该遗嘱无效，终审判决驳回了张学英的诉讼请求。

---

① 徐国栋. 民法基本原则的解释——成文法局限之克服 [M]. 增订本. 北京：中国政法大学出版社，2001：80-127.

② 梁慧星. 诚实信用原则与漏洞补充 [J]. 法学研究，1994 (2)：23.

二、思考与练习

泸州遗产纠纷案两审法院的判决是否妥当？

三、分析与评点

该案判决后，当地民众的反应与学界主流观点大相径庭。当地民众认为判决大快人心。终审判决宣判后，旁听席上响起经久不息的掌声。但是，学界却发生了激烈的讨论。① 多数学者对泸州市两级法院的判决持批评立场，认为它们以道德标准替代了法律依据，并主张黄永彬与张学英的婚外同居关系与黄永彬的遗嘱是两个独立行为，遗嘱的法律行为不宜因婚外同居行为的不合道德性而违反公序良俗原则以致无效。法院以受遗赠人与遗嘱人非法同居为由，认定涉讼遗嘱违反《民法通则》第七条"民事活动应当尊重社会公德"的规定，属于"走得太远，管得太宽"。"走得太远"是指法院在《民法通则》第七条的解释超越了该条的文义；"管得太宽"是指法院试图规制民法作为私法本来不管的事项——民事活动的动机。②

郑永流先生从比较法学角度对这个案件做出了新思考。在梳理90余年间数十个情妇遗嘱案的判决后，他发现德国帝国法院（1905—1945年）和联邦德国最高法院（1950年至今）对案件的态度在不断变化，其立场随着社会道德意识的演变而变化。他指出，法院判决类似案件，应该根据具体案情寻求法外标准，依据多数原则进行价值评价，采用地方性准则和个人经验，构成对善良风俗或社会公德具体化的五步法。③ 据此，可为"泸州二奶案"的判决开辟出不是非此即彼的第三条道路。

我国《民法通则》第七条规定，"民事活动应当尊重社会公德，不得损害社会公共利益，破坏国家经济计划，扰乱社会经济秩序"。学界通说认为，这条规定确立了我国民法的公序良俗原则。本案所面临的问题是：如何使用公序良俗原则使案件得到具体妥当的判决？依笔者之见，我们暂时同意郑永流先生的观点。

---

① 于飞. 公序良俗原则研究——以基本原则的具体化为中心. 北京：北京大学出版社，2006：202-213.
② 喻民. 文义解释——民法解释的基础与极限［J］. 西南民族大学学报，2002（11）.
③ 郑永流. 道德立场与法律技术——中德情妇遗嘱案的比较和评析. 中国法学，2008（4）.

第二章 民事法律关系

【案例一】 民事法律关系的构成要素

一、案情简介①

甲、乙、丙于 2001 年 6 月 6 日各出资 1 万元购得名画一幅，并约定由甲保管。同年 8 月，甲遇到丁，丁愿意购买此画，于是甲将此画作价 4.5 万元卖给丁。事后，甲告知乙、丙。乙、丙要求分得卖画款项，甲即分别给乙、丙各 1.5 万元。丁购该画后，于同年 12 月又将画以 5 万元卖给戊。戊只付给丁 4 万元，剩 1 万元未付。双方约定：只有支付剩下的 1 万元后，该画的所有权才转移至戊。戊友己也非常爱此画。戊就将此画出卖给己。己嫌该画装裱不够精美，遂将该画送庚装裱店装裱。因己未按期付庚装裱费用，该画被庚装裱店留置。庚装裱店通知己应在 30 日内向其支付费用，但己仍未能按期支付。庚装裱店遂将画折价受偿，扣除费用，将差额赔偿给己。己不同意庚装裱店这一做法。丁于 2001 年 10 月与戊签订合同后，因经营借款需要又于 2002 年 2 月将该画抵押给辛，辛以前即知丁有该画，后辛在庚装裱店见此画，方知丁在抵押该画之前已将其卖给戊。戊于 2002 年 4 月死亡，其财产由其妻壬与其子癸继承。辛找丁评理，丁找己，要求己返还该画或支付戊尚未支付的 1 万元购画款。

二、思考与练习

1. 民事法律关系有何特征？其构成要素有哪些？
2. 本案涉及哪些民事法律关系？

---

① 案例来源：张树义. 国家司法考试典型案例名家评析 2004 年 [M]. 北京：朝华出版社，2004：113.

三、分析与评点

（一）民事法律关系的特征

民事法律关系是指由民法确认和保护的、在平等民事主体之间发生的、以民事权利和民事义务为内容的社会关系。在民事活动中，民事主体相互之间要发生各种财产关系和人身关系，法律对这种社会关系予以调整使这些社会关系具有法律性质，即以民事权利和民事义务为内容的社会关系——民事法律关系。因此，民事法律关系实质上是体现国家意志的民事法律规范作用于社会生活的过程和结果。

民事法律关系有以下几个特点：①民事法律关系具有平等性。民事法律关系是民法对平等主体间的财产关系和人身关系予以调整的结果，因而，平等性便成为民事法律关系的最本质的特征。它一方面说明在民事法律关系中，当事人地位平等，不允许以大欺小、以强凌弱，任何一方都不得把自己的意志强加于对方；另一方面，还表明在民事法律关系中，当事人权利义务一般是要求对等的。在绝大多数情形中，双方往往都享有权利、负有义务，一方的权利往往与另一方的义务相对应，反之亦然。②民事法律关系是以民事权利和民事义务为内容的。民法是调整平等主体的公民之间、法人之间、公民和法人之间的财产关系和人身关系的法律规范，其对社会生活作用和调整的结果，便形成了民事法律关系，故民事法律关系便体现了当事人之间的民事权利和民事义务关系，而民法则运用国家强制力保障这种社会关系的实现，以达到调整社会关系的目的。③民事法律关系的保障措施具有补偿性。由于民法是私法，强调社会关系的自我形成与约束以及当事人地位平等。所以，一方无权惩罚另一方。当一方因自己的行为或物件致人损害，法律亦仅能在受害人损失限额内确定相对人的民事责任。一旦涉及惩罚，则属于其他法律责任的界域。④民事法律关系是一种私法关系。尽管学者对公私法之分的标准存在许多的分歧，然而民法属于私法却是毋庸置疑的，故民事法律关系是一种私法关系。明确民事法律关系是一种私法关系，有助于树立私法自治的理念以及强调民事关系的自我调节和形成。

（二）民事法律关系的构成要素

民事法律关系的要素是指构成民事法律关系的必要条件。任何法律关系之构成，均必须同时具备主体、客体、内容三个要件，缺一不可。民事法律关系作为法律关系的一种当然也不例外。民事法律关系的主体，又称民事主体，是指参与民事关系、享受权利和承担义务的人，包括自然人、法人和非法人团体。民事法律关系的客体，又称民事权利客体，是指民事法律关系主体所享有的民事权利和承担的民事义务共同指向的对象，依通说，民事法律关系的客体包括物、行为和智力成果。民事法律关系的内容，是指民事主体所享有的民事权利和承担的民事义务，是平等主体间的财产关系和人身关系在法律上的直接反映和体现。

(三) 本案的民事法律关系

本案所涉及的民事法律关系较多，只有分清了案例中包括哪些民事法律关系，才能区分每一民事法律关系，进而正确判断民事主体相互之间的关系。要正确区分所涉及的民事法律关系，就要根据民事法律关系的三要素主体、客体、内容以及民事法律关系的特点来具体分析。在理清了本案的民事法律关系后，相关的民事纠纷就迎刃而解了。本案涉及的民事法律关系有：①本案甲、乙、丙三人各出资1万元购画，在三人之间形成按份共有的法律关系。②甲将画作价4.5万元卖给丁，事后告知了共有人乙、丙，且乙、丙也都分得了卖画款项1.5万元，即甲事前未经另外两共有人同意而单独与丁之间的买卖关系，事后取得了乙、丙的认可，因此在甲、乙、丙与丁之间的买卖合同关系有效。③丁将画卖与戊，虽按约定戊尚未取得该画的所有权，但丁与戊之间的买卖合同是有效的，二者之间形成买卖合同关系。④戊将画卖给己，与己之间形成买卖关系。⑤己将画交与庚装裱，己与庚装裱店间形成加工承揽关系。己未支付装裱费，庚将画留置，己与庚形成留置关系。⑥因借款需要，丁将画抵押给辛，丁与辛之间形成抵押关系、借贷关系。⑦戊死亡之后其财产产生继承，壬及其子与戊之间形成继承关系。⑧壬及其子继承了戊的财产，因此应在继承财产范围内承担戊生前所负债务的清偿责任。戊生前欠丁画款，因此壬及其子与丁之间存在价款清偿关系。

【案例二】主权利与从权利

一、案情简介[①]

1998年10月，张某因生意需要向马某借10万元钱，借期为一年。张某的朋友任某是马某的邻居，应张某的请求以保证人的名义为这笔借款提供了担保。1999年6月，张某将10万元本金连同利息一并归还给了马某。一个月后，张某又向马某提出希望再借8万元现金以解燃眉之急，一年内归还。考虑到张某信用不错，又是自己邻居的朋友，马某爽快地答应了他的要求，并当场把8万元钱交给了张某，张某同时向马某出具了一张借条。后来由于生意上被骗，张某经济拮据，四处躲债，欠马某的8万元也一直没有归还。马某在找张某无果的情况下，找到任某，说自己是看在任某的面子上才把钱借给张某的，更何况任某还是张某的保证人，因此，要求任某归还8万元本金及利息。任某表示自己没有还款义务，并对马某的要求坚决予以拒绝。

---

① 罗思荣. 民法案例评析 [M]. 杭州：浙江大学出版社，2005：13.

二、思考与练习

1. 民事权利有哪些类型？
2. 本案马某是否有权要求任某归还欠款？

三、分析与评点

（一）民事权利有哪些分类？

民事权利是指民事主体为实现其民事利益而享有的受法律保护的行为的界限。一般民事权利可以作以下分类：一是以权利是否有具体内容为标准，可以将民事权利分为财产权和人身权。财产权是以物质利益为内容的、直接体现权利主体经济利益的民事权利，如物权、债权等；而人身权是指与民事主体的人身不可分离，不直接体现民事主体经济利益的权利，如生命健康权、名誉权、名称权等。财产权和人身权的区分是民事权利最重要的分类。二是以权利的作用为标准，可以将民事权利分为支配权、请求权、抗辩权和形成权。支配权是指权利主体直接支配其标的物，并具有除他干涉的权利，如物权；请求权是指权利人请求他人为一定行为或不为一定行为的权利，如债权。支配权与请求权不同，前者可体现为对权利标的的直接支配，而后者则只能向义务人请求。形成权是指仅依据当事人一方的行为，便可以使行为人与相对人之间的法律关系发生变动的权利，如追认权、撤销权等。抗辩权是指权利人用以对抗他人请求权的权利，如时效抗辩权，同时履行义务抗辩权等。三是以义务人是否特定为标准，可以将民事权利分为绝对权和相对权。绝对权又称对世权，是指义务人不确定，权利人行使权利不需要义务人的积极作为即可实现的权利，如物权、人格权。相对权又称对人权，即以特定人为义务人，权利主体行使权利必须通过义务人的积极作为才能实现的权利，如债权。四是以权利的相互关系为标准，可以将民事权利分为主权利和从权利。主权利是指可以独立存在、不需要依赖其他民事权利的存在而存在的权利；而从权利是有赖于其他民事权利的存在而存在的权利。区分主权利与从权利的法律意义在于：非经法律规定或当事人特别约定，主权利的效力决定从权利的效力。五是以权利的成立要件是否完备为标准，可以将民事权利分为既得权与期待权。已具备全部成立要件的权利为既得权；而期待权则是指权利成立要件尚未完全具备，但将来有实现可能的权利。

（二）马某是否有权要求任某归还欠款？

本案有三个民事法律关系，即张某与马某之间的两个借贷合同关系、任某与马某之间的保证合同关系。在张某与马某之间的两个借贷合同关系中，第一个借贷合同成立于1998年10月，任某为此借贷合同提供担保。如果该担保为一般保证，那么在法律效果上就是：如果张某不能在约定的时间内履行还款付息的义务，马某将有权要求任某承担该债务；如果该保证为连带保证，则马某可以于债权到期后要求张某或任某承担还款付息的义务。当然，任某承担的责任仅限于该债务关系，一旦该债务关系因为任何原因终止，则任某所负保证责任亦归于终止。换句话说，张某与马某的借款合同是主合同，任某的担保合同是从合同，主合同消灭，则从合同消灭。马某基于主合同而享有主权利，即要求张某还款的权利；马某基于从合同享有从权利，即要求任某承担保证责任。马某享有的主权利消灭，则其享有的从权利也随之消灭。本案第二个借贷合同关系发生于1999年7月，此笔借款的数额为8万元人民币，且在该合同关系中任某没有与马某签订担保合同。本案中任某担保的债务为第一个债务，该债务已于1999年6月终止，即马某要求张某还款的主权利于1999年6月消灭，当然马某要求任某承担保证责任的从权利也就消灭了，因此任某对第一个债务的保证义务也随之终止。在第二个借贷合同关系中任某没有与马某签订担保合同，马某只享有借贷合同中的权利，对任某不享有任何权利。因此任某没有义务为第二笔债务承担保证责任。本案中马某无权要求任某归还欠款。

【案例三】民事法律事实与法律关系

一、案情简介①

某甲与某乙于2000年5月1日结婚，翌年生一子丙。2004年4月10日，某甲与某乙商量请了一个保姆丁，专门负责照顾小孩，每月工资若干。5年后，某甲的父亲去世，留下私有房屋一栋和其他日常生活用品若干。某甲有母亲，祖父也健在，无兄弟姐妹。

二、思考与练习

1. 民事法律事实有哪些类型？
2. 本案例中有哪些民事法律关系？

三、分析与评点

（一）民事法律事实的概念及分类

民事法律事实是指根据民事法律规范之规定而导致民事法律关系产生、变更和消灭的客观情况。民事法律规范对民事主体的民事权利和民事义务的规定，仅仅是为民事主体享有民事权利和承担民事义务提供了一种法律上的可能性，但民事主体欲在民事生活中具体享有某种民事权利和承担民事义务，尚取决于一个客观情况的发生，即任何民事法律关系的产生、变更或者消灭都是由一定的民事法律事实引起的。

根据客观事实是否与当事人的意志有关，可以将民事法律事实分为事件和行为两大

---

① 案例选自：张玉敏. 民法案例 [M]. 2版. 北京：中国人民大学出版社，2009：16. 略有改动。

类。事件是指与人的意志无关，能够引起民事法律关系变动的客观情况。行为是指人们有意识的，能够引起民事法律关系产生、变更和消灭的活动。

（二）本案例中有哪些民事法律关系？

本案例中有以下几种民事法律关系：一是某甲与某乙结婚形成婚姻关系，该关系的民事法律事实是某甲与某乙结婚；二是某甲、某乙与丁之间形成雇佣合同关系，基于某甲、某乙与丁签订劳动雇佣合同这一法律事实而产生；三是基于某甲父亲去世这一法律事实而产生某甲、某甲的母亲以及祖父与某甲的父亲之间形成法定继承关系。

【案例四】 未成年人的民事权利能力

一、案情简介[①]

读小学的赵勇在某市教委组织的儿童绘画比赛中获得了一等奖。某市教委下属的一家美术杂志社闻讯后即来信表示，他们将出一期儿童作品专刊，希望赵勇能寄几幅作品供他们挑选。赵勇的父亲赵量收信后给杂志社寄去了三幅作品，但之后一直没有回音。第二年6月，赵量在该杂志社的期刊上发现有赵勇的两幅作品但没有给赵勇署名，便立即找到杂志社，质问为何不通知他作品已被选用，而且既不支付稿酬也不署名。然而该杂志社称：赵勇年仅7岁，是未成年人，还不能享有著作权，因此没必要署名；杂志社发表赵勇的作品是教委对其成绩的肯定，没有必要支付稿酬。

二、思考与练习

1. 什么是民事权利能力？
2. 根据我国法律，赵勇是否有署名的权利和获得报酬的权利？

三、分析与评点

（一）民事权利能力

民事权利能力是指据以充当民事主体，享受民事权利、承担民事义务的法律地位或资格。法律赋予自然人和法人民事权利能力，是自然人和法人具有法律人格的具体体现，亦是自然人和法人享受民事权利和承担民事义务的前提。根据《民法通则》的相关规定，自然人的民事权利能力一律平等，自出生时起始，至死亡时止。而法人的民事权利能力则因经营范围不同而有所区别，它的权利能力始于注册之日，终于营业执照注销

---

① 案例源自：郭明瑞. 民法总论案例教程［M］. 北京：北京大学出版社，2004：36.

之日。

在理解民事权利能力时，有必要将其与民事行为能力区别开。民事权利能力作为一种资格，自然人的民事权利能力都是一样的。而民事行为能力却是有区别的资格，我国民事法律根据自然人年龄或智力的不同，将自然人的民事行为能力分为无民事行为能力人、限制民事行为能力人和完全民事行为能力人。而法人的民事行为能力则与其民事权利能力一致。每个人都有民事权利能力，却不一定具有民事行为能力。

（二）根据我国法律的规定，赵勇是否有署名的权利和获得报酬的权利？

本案涉及限制民事行为能力人是否有民事权利能力。本案中，杂志社与赵勇是平等的民事主体，虽然赵勇是限制民事行为能力人，但根据《民法通则》第九条的规定：公民从出生时起到死亡时止，具有民事权利能力，依法享有民事权利，承担民事义务。第十条的规定：公民的民事权利能力一律平等。7岁的赵勇依法享有与其他民事主体一样的民事权利能力。就本案具体而言，赵勇对自己所绘图画享有完整的著作权、署名权和获得报酬权。杂志社称赵勇年仅7岁，还是未成年人，因此没必要署名、还不能享有著作权的说法是错误的，其混淆了民事权利能力与民事行为能力。根据等价有偿原则，杂志社使用赵勇的作品理所应当向赵勇支付报酬；赵勇有权向使用自己作品的报社要求支付报酬。这些权利可以通过其监护人代理来实现。

【案例五】未成年人的民事行为能力

一、案情简介[①]

张毅（弟）与张山（兄）系同胞兄弟，父母双亡，兄张山已婚，张毅随兄嫂生活。张毅虽然年仅16周岁，但参加农田劳动已有3年，农余时间帮助兄嫂搞家庭副业，饲养兔子，顶个强劳动力。张毅的兄嫂对张毅的经济控制很严苛，将他的劳动收入拿去购买建材，翻造新房，新房建成后，却不让张毅居住。因此，张毅对兄嫂不满，并与兄嫂分开独立生活。张毅16岁时与县畜产收购站签订了一份兔子饲养购买合同。合同规定，畜产收购站供给兔种和饲料，张毅饲养500只兔子，只要兔子的数量和兔毛合格，收购站就付给张毅每只兔子600元的饲养费。合同签订以后，张毅起早贪黑精心饲养，所饲养的兔子完全符合合同要求。在张毅交货前三天，张山私下将张毅饲养的兔子出售，致使张毅无法按合同交货。张毅会同收购站向张山索赔。张山认为，张毅年龄不满18周岁，自己为张毅的监护人，张毅与收购站所签合同未征得其同意，不具有效力，自己有

---

① 案例摘自：李仁玉，陈敦. 民法教学案例 [M]. 北京：法律出版社，2007：9.

权出售兔子。张毅无奈,只好向法院起诉。

二、思考与练习

1. 民事行为能力如何分类？
2. 本案张毅与畜产收购站的合同是否有效？

三、分析与评点

（一）民事行为能力的分类

民事行为能力是民事主体据以独立参加民事法律关系,以自己的行为取得民事权利或承担民事义务的法律资格。我国民事法律根据自然人的年龄或智力的不同,将自然人分为无民事行为能力人、限制民事行为能力人和完全民事行为能力人。无民事行为能力人不能以自己的名义独立参加民事活动,必须由其法定代理人代为行使。限制民事行为能力人可以参加与其年龄和智力相符的民事活动。完全民事行为能力人可依据自己的想法参加各类不同的民事活动。而法人的民事行为能力则与其民事权利能力一致。

（二）本案中张毅与畜产收购站的合同是否有效？

判断张毅与畜产收购站的合同是否有效,关键是要看张毅是否有缔结兔子饲养收购合同的行为能力。

自然人的缔约能力一般依照其民事行为能力的状况来确定。具有完全民事行为能力的自然人,依法具有完全的缔约能力,可以缔结各种合同。限制民事行为能力人,只能订立纯获利益的合同和与其年龄、智力、精神健康状况相适应的合同,如果要订立其他合同则必须由其法定代理人代理或者征得法定代理人的同意后才能进行。无民事行为能力人不能独立订立合同。本案张毅虽才16周岁,但已参加农田劳动3年,农余时间帮助兄嫂搞家庭副业,饲养兔子,顶个强劳动力,说明张毅虽未成年但其实际已具有劳动能力。张山将张毅的劳动收入拿去购买建材,翻造新房却不让张毅住,张毅与兄嫂分开独立生活,说明张毅不仅有劳动能力,同时能够通过自己的劳动获取劳动收入,并独立生活,即张毅已经能够通过自己的劳动获得收入养活自己。《民法通则》第十一条规定:"十六周岁以上不满十八周岁的公民,以自己的劳动收入为主要生活来源的,视为完全民事行为能力人。"张毅是具有完全民事行为能力的人,他可以独立实施民事法律行为,可以独立地享受民法权利,承担民事责任,不需要由其兄代理其民事行为,因此张毅具有完全的缔约能力,所以张毅具有缔结兔子饲养收购合同的行为能力。

张毅与收购站签订的合同,双方主体具有相应的民事行为能力,双方的意思表示真实,合同的内容符合法律规定,因此张毅与畜产收购站的合同是有效的。

第三章 民事法律行为和代理

【案例一】 事实行为与法律行为

一、案情简介[①]

现年15岁在某中学读初中的甲某于回家途中拾得自行车一辆,交居委会公告数月无人认领,居委会不愿保管,交给甲某之父。数日后,甲某经其父同意将该车卖与邻居乙某,并将车交付给乙。乙某在某工厂上班且已年过三十。但已过付款期限乙却迟迟不付车款,甲定期催告,乙均置之不理。于是甲提出退还其车,乙却以甲所卖乃他人车辆,甲无权要求返还为由,拒不返还。于是甲对乙提起诉讼。

二、思考与练习

1. 何为法律行为与事实行为?
2. 本案中甲乙之间交易的法律效力如何?如果乙不知其车为拾得之物,其效果有何不同?

三、分析与评点

(一)法律行为与事实行为的区分

法律行为即以意思表示为要素,是指依意思表示而发生一定私法效果的法律事实。由此可见,法律行为不仅以意思表示为其核心要素,而且法律行为旨在实现私法自治,依当事人的意思而赋予其一定的私法效果。正是从这个意义上说,法律行为是实现私法自治的手段。因为法律行为涉及意思表示,所以当事人的行为能力就尤显重要。若当事

---

① 案例系根据王泽鉴先生所举案例改写,参见:王泽鉴. 民法总则 [M]. 北京:中国政法大学出版社,2001:254.

人无行为能力或行为能力不健全，非但不能增进其利益，反而可能对其构成危害。因此，法律规定完全行为能力人可独立进行法律行为；限制行为能力人进行法律行为应得到其代理人或监护人同意，否则其行为无效。以当事人意思表示一致而订立合同即为法律行为的典型。

与行为人企图发生一定私法上效果而表示其意思的法律行为不同，事实行为即事实上有此行为，法律上就产生某种效果的行为，换言之，对某些行为法律上已规定其效果，只要其行为发生，该效果就为确定，对当事人是否有发生该效果的意思概不过问。因此，事实行为不管当事人是否有意思或是否进行意思表示，而直接适用法律规定。进而言之，事实行为效果的发生与当事人行为能力无关，只与该行为是否成就相联系。法律规定如遗失物的拾得、埋藏物之发现、无因管理等皆为事实行为的典型，均不考虑当事人的意思表示而直接发生法律效果。

由此可见，对法律行为与事实行为的区分对于明确某行为在当事人之间是否发生或发生何种法律效果极其重要。

（二）本案评析

由上述可见，本案中，15岁的甲某拾得自行车的行为不是法律行为而是事实行为。根据我国《民法通则》第七十九条的规定，"拾得遗失物……应当归还失主，因此而支出的费用由失主偿还"。依《中华人民共和国物权法》（以下简称《物权法》）第一百零九条规定，"拾得遗失物，应当返还权利人。拾得人应当及时通知权利人领取，或者送交公安等有关部门"；第一百一十二条规定，"权利人领取遗失物时，应当向拾得人或者有关部门支付保管遗失物等支出的必要费用"。因此，尽管甲某只有15岁，依我国法律为限制行为能力人，对甲某的行为亦无需考虑其行为能力，即在其和失主之间形成返还请求的权利和返还自行车的义务，即甲某负有返还自行车的义务。同时，《物权法》第一百一十三条规定，"遗失物自发布招领公告之日起六个月内无人认领的，归国家所有"，即使无人认领，甲亦不能取得该车的所有权。

基于上述分析，甲尽管已经过其监护人同意，将自行车出卖给乙，但这在法律上仍为效力待定的行为，其买卖行为的效力取决于该车所有人是否追认。由于该车所有人不明，故其买卖行为不能生效，因此，其要求对方付款于法无据。当然，乙亦不能因此取得利益，应将该车交有关部门或公安机关。

倘若乙不知其车为拾得之物，则可依据《物权法》第一百零六条之规定，按善意取得处理，即乙可以取得该车的所有权，但其所支付的款项应交有关机关提存待该车所有人领取，若无人认领，应收归国家所有。

【案例二】 以合法形式掩盖非法目的的法律行为的效力

一、案情简介[①]

2004年4月，宏博建筑工程公司与聚信建筑装饰工程公司签订联合协议约定：聚信建筑装饰工程公司保证宏博建筑工程公司获得观翠园二期两个楼座约35 000平方米的工程总承包施工；宏博建筑工程公司支付聚信建筑装饰工程公司费用应以中标价为基础，宏博建筑工程公司承诺支付工程合同总额10%给聚信建筑装饰工程公司；宏博建筑工程公司在工程预付款到位时一次付给聚信建筑装饰工程公司应得上述款项（预付款数额不低于聚信建筑装饰工程公司所得的二倍。如不足二倍，相差多少按倍数少付聚信建筑装饰工程公司多少，在第二次拨款时补齐）。同时约定了变更洽商等条款。

上述协议签订后，宏博建筑工程公司通过招投标取得联合协议所涉工程项目的施工权。2005年7月30日，宏博建筑工程公司与大中房地产开发公司签订建设工程施工合同，约定：大中房地产开发公司为发包方，宏博建筑工程公司为承包方，宏博建筑工程公司承建观翠园小区乙7号楼的土建、给排水、采暖、电气工程，合同工程承包造价47 788 600元。2006年9月26日，宏博建筑工程公司与大中房地产开发公司签订建设工程施工合同。约定：大中房地产开发公司为发包方，宏博建筑工程公司为承包方，宏博建筑工程公司承建观翠园小区乙7号住宅楼裙房工程，合同价款10 989 998元。

2005年9月25日大中房地产开发公司向宏博建筑工程公司支付第一笔工程款500 000元。截至案件起诉之日，宏博建筑工程公司已收到工程款3 000余万元。宏博建筑工程公司一直未向聚信建筑装饰工程公司给付联合协议约定的报酬，于是引起诉讼。

据查，大中房地产开发公司是聚信建筑装饰工程公司的股东之一，大中房地产开发公司所属观翠园小区工程项目的发包方式是公开招标。

一审法院经审理认为，居间合同是居间人向委托人报告订立合同的机会或者提供订立合同的媒介服务，委托人支付报酬的合同。本案中聚信建筑装饰工程公司向宏博建筑工程公司提供了观翠园小区工程建筑施工的信息，而宏博建筑工程公司也通过招投标取得了联合协议中约定的观翠园小区的建筑工程。联合协议中确定的居间指向的标的物已经在其后的两个建筑工程施工合同中得到实现。所以，宏博建筑工程公司与聚信建筑装饰工程公司签订的联合协议符合居间合同的基本特征，其性质属于居间合同，聚信建筑装饰工程公司亦按照联合协议的约定履行了居间的义务。联合协议系双方当事人的真实意思表示，应属有效。大中房地产开发公司已经向宏博建筑工程公司支付了工程款。宏

---

① 马强. 合同法总则 [M]. 北京：法律出版社，2007：55－57.

博建筑工程公司在大中房地产开发公司已经支付工程款的条件下，应按照其在联合协议中的承诺，向聚信建筑装饰工程公司支付居间的报酬。在宏博建筑工程公司逾期未能给付聚信建筑装饰工程公司居间报酬的情况下，宏博建筑工程公司还应当按照逾期付款的有关规定并依联合协议的约定，自大中房地产开发公司支付第1笔工程款的第2日起赔偿聚信建筑装饰工程公司的损失。依据《中华人民共和国合同法》第八条、第四百二十四条、第四百二十六条第一款之规定，判决：宏博建筑工程公司于判决生效之日起10日内给付聚信建筑装饰工程公司人民币5 877 859.8元，并赔偿利息损失。宏博建筑工程公司不服一审判决，提起上诉。上诉理由之一是：联合协议内容严重违法，涉嫌不正当竞争，属于无效协议。被上诉人在未做任何工作的情况下，公然保证上诉人中标，主要是利用了大中房地产开发公司是其股东的特殊地位。

二审法院经审理认为，案件所涉及的工程项目施工，是大中房地产开发公司根据法律规定以招投标方式进行发包的。《中华人民共和国招标投标法》（以下简称《投标法》）第五条规定，"招标投标活动应当遵循公开、公平、公正和诚实信用的原则"，但是在大中房地产开发公司公开招标、宏博建筑工程公司投标行为开始之前，宏博建筑工程公司和聚信建筑装饰工程公司联合协议约定"聚信建筑装饰工程公司保证宏博建筑工程公司获得观翠园二期两个楼座约35 000平方米的工程总承包施工"，该约定明显违反了我国招投标法关于在招投标活动中要遵循公开、公平、公正和诚实信用原则的规定，属于以合法形式掩盖非法目的，扰乱了建筑市场的正常秩序，损害了其他参与招投标活动当事人的合法权益。虽然宏博建筑工程公司中标并承包该项目工程，但对于这种以"保证中标"为条件收取费用，明显违反招投标活动应遵循的"三公原则"的行为，法院不应予以支持，故认定宏博建筑工程公司与聚信建筑装饰工程公司之间的联合协议无效。原审法院判决认定的事实清楚，但适用法律错误，应予改判。依据《投标法》第五条、《合同法》第五十二条第三项、《中华人民共和国民事诉讼法》（以下简称《诉讼法》）第一百五十三条第一款第二项的规定，判决：撤销一审法院的判决；聚信建筑装饰工程公司与宏博建筑工程公司签订的联合协议无效；驳回聚信建筑装饰工程公司的诉讼请求。

二、思考与练习

1. 民事法律行为的成立要件和生效要件是什么？
2. 何谓以合法形式掩盖非法目的的法律行为？

三、分析与评点

本案两审法院对事实的认定并无差异，但对宏博建筑工程公司与聚信建筑装饰工程公司签订联合协议约定的合法性问题的认定却迥然有别。可见，该协议是否合法的问题是本案的焦点。

（一）法律行为的成立和生效

法律行为的成立与有（生）效分别代表了对一个行为的事实判断与价值判断。前者是对法律行为是否存在问题的事实认定，后者则表明一个已经成立的法律行为是否得到法律的肯定性评价，因此，是一个法律的价值判断问题。一般来说，民事法律行为的成立要件应当以是否存在当事人以发生私法上效果的意思表示为判断标准，即存在该意思表示，法律行为成立；反之，则法律行为不成立。而法律行为的有（生）效需符合法律规定的要件。我国《民法通则》第五十五条规定，民事法律行为应当具备下列条件：一是行为人具有相应的民事行为能力；二是意思表示真实；三是不违反法律或者社会公共利益。换言之，一个法律行为的有效要件，通常可以概括为：主体合格、内容合法、意思表示真实。当然，如果法律有特别要求时需满足其要求。以合法形式掩盖非法目的的法律行为（合同），《民法通则》和《合同法》均对其作否定性评价，认其为无效的法律行为（合同）。

所谓以合法形式掩盖非法目的的法律行为，实际上是一种伪装的法律行为，当事人所欲达成的目的是非法的，但却以一个看上去合法的行为为其掩盖，其表征为真实意思与表示出来的意思不一致。即这类行为实际上表现为两个行为，一个为合法行为，另一个则为非法的行为。当事人以合法行为为伪装掩盖其非法的行为，使法律行为的表现形式与真实目的相分离。在法律上，法律行为的表现形式与真实目的相分离并非当然无效，但是，如若真实目的系非法时，该行为无效。

（二）对本案的评判

本案当事人宏博建筑工程公司与聚信建筑装饰工程公司签订联合协议，该协议的外在表征似乎并不违法，正如一审法院经审理后所认为的那样，聚信建筑装饰工程公司向宏博建筑工程公司提供了观翠园小区工程建筑施工的信息，而宏博建筑工程公司也通过招投标取得了联合协议中约定的观翠园小区的建筑工程。该联合协议符合居间合同的基本特征，其性质属于居间合同，因而认为，聚信建筑装饰工程公司亦按照联合协议的约定履行了居间的义务。联合协议系双方当事人的真实意思表示，应属有效。但是该审判忽视了一个重要的问题，虽然该协议在形式上是合法的，但其"保证宏博建筑工程公司获得观翠园二期两个楼座约 35 000 平方米的工程总承包施工"等内容，却涉及项目招投标的问题，而招投标问题依《招投标法》的规定，应以诚实信用和"三公"（公开、公平、公正）原则为基础，保障投标人平等地参与竞争。显然，聚集建筑装饰工程公司之"保证"显然是违背《招投标法》规定的，是对市场秩序的损坏，其目的在于按"工程合同总额 10%"收取费用。而其之所以敢于"保证"并收费，真正原因在于"大中房地产开发公司是聚信建筑装饰工程公司的股东之一"。由此可见，这种"肥水不流外人田"的"潜规则"无疑是对市场秩序的严重破坏。因此，二审法院认为，"该约定明显违反了我国招投标法关于在招投标活动中要遵循公开、公平、公正和诚实信用原则的规定，属于以合法形式掩盖非法目的，扰乱了建筑市场的正常秩序，损害了其他参与招投标活动当事人的合法权益"。故认为原审法院判决认定的事实清楚，但适用法律错误，应予改判。二审法院的判决正确，应为可取。

【案例三】 违反法律法规"强制性规定"的法律行为的效力

一、案情简介[①]

李红与张富强是位于西城区新壁街的三间平房的原所有人,后来,李红、张富强及其五名子女达成书面协议:三间平房拆迁后,张富强的回迁房产权改在儿子张军名下。张军负责为父母张富强、李红养老送终。2002年8月,张军与新兴房地产公司签订协议,约定:新兴房地产公司拆除张军在拆迁范围内的新壁街私产房屋两间,并就地安置张军和平门小区两居室一套。后来,回迁房又改为北京市西城区新壁街一处单元房。

2002年8月,张军以自己名义向新兴房地产公司交纳购房款10万余元。后来,张军与梁小兵通过一家中介公司就买卖回迁房屋一事达成一致,梁小兵向张军支付了购房款及公共维修金。对于张军将回迁房出售的行为,其父母张富强夫妇认为,他们作为该房屋的共有产权人及房屋拆迁的被安置人口,对回迁房拥有合法的所有权及居住权、使用权,张军与梁小兵的房屋买卖行为违背了他们的真实意思,应确认为无效。为此,张富强夫妇诉至法院,要求确认买卖合同无效。

一审法院经审理后认为,张军未经其他共居人同意,将诉争房屋出售的行为,侵犯了张富强等人的合法权益。梁小兵、张军进行房屋交易时,均已明知该房所有权证未办理,根据《城市房地产管理法》第三十七条第六款的相关规定,房地产未依法登记领取权属证书的,不得转让。梁小兵、张军之间的房屋买卖行为违反了国家的禁止性法律规定,故梁小兵、张军关于诉争房屋的买卖行为无效。一审判决做出后,梁小兵不服,上诉至中级人民法院。

二、思考与练习

1. 法律行为违反法律的强制性规定是否都属无效?
2. 如何评判本案?

三、分析与评点

(一)法律行为的效力与法律的强制性规定

当事人进行法律行为,应以当事人意思自治为原则。但意思自治是有边界的,即通常所谓"不得违反法律的强制性规定",换言之,法律的强制性规定即为意思自治的边

[①] 案例来源:丁宇翔,王文波. 未办理产权证 房屋买卖仍有效[EB/OL]. [2010-06-21]. http://www.chinacourt.org. 略有改动。

界。对此,《民法通则》第五十八条规定,违反法律或者社会公共利益的,民事行为无效;《合同法》第五十二条规定,违反法律、行政法规的强制性规定的合同无效。

由此可见,当事人订立的合同是为一项具体的法律行为,不得违反法律的强制性规定,也不得违反社会公共利益,当然也是合同有效的应有之义。但是,作为法律行为的合同内容违反了法律、行政法规的强制性规定,是否就意味着该合同即为无效合同?这个问题长期在我们的理论和实务界并未得到很好的解决,由此导致对一些案件审判在适用法律上不尽一致。

其实,在民法理论上,并不认为所有违反法律强制性规定的行为都当然无效。在法理上,强行法规又可以分为强制规定与禁止规定两种:强制规定指命令当事人应为一定行为之法律规定;禁止规定指命令当事人不得为一定行为之法律规定。而对于禁止规定可以再分为取缔规定及效力规定。前者仅系取缔违反之行为,对违反者加以制裁,以禁遏其行为,并不否认其行为私法上之效力。后者是指法律及行政法规明确规定违反了这些禁止性规定将导致合同无效或者合同不成立的规范。禁止性规定与强制性规定是不一样的,违反效力性规范才能导致合同无效。换言之,只有违反效力性的规定方为无效。在吸收学术界观点和总结司法实践经验的基础上,最高人民法院对此作了专门的司法解释,《关于适用〈中华人民共和国合同法〉若干问题的解释(二)》第十四条规定,"《合同法》第五十二条第(五)项规定的'强制性规定',是指效力性强制性规定"。因此,法律行为的效力与法律的强制性规定之关系,并不是简单的对应,关键是要区分"效力性强制性规定"和"管理性强制性规定",只有违反"效力性强制性规定"的法律行为才为无效的法律行为。

(二)对本案的简短评述

本案中,张军与梁小兵的房屋买卖行为均系各方当事人的真实意思表示,符合自愿、公平、等价、有偿、诚实信用的原则,且不违反法律、行政法规的强制性规定,应属合法有效。虽然张军仍未领取产权证,违反了《城市房地产管理法》第三十七条第六款的相关规定,但是,该规定属于管理型的禁止规范,并非效力型的禁止规范,对其违反不当然导致当事人之间法律行为的无效。所以,张军的行为虽然存有瑕疵,但没有损害国家利益和社会公共利益,并不影响该房屋买卖行为的效力。本案中的梁小兵通过中介公司与张军协议购买房屋,支付了对价,是善意有偿的,双方的买卖行为并未侵犯李红、张富强等人的合法权益。

综上所述,二审法院应对《城市房地产管理法》第三十七条第六款的相关规定予以正确定性,在此基础上认定原审判决适用法律错误,应予纠正,并判决驳回张富强等人的诉讼请求。

【案例四】 妻子以丈夫名义出卖房屋是否构成表见代理

一、案情简介①

郭某与杨某夫妻俩于1993年在江西省莲花县城共建一栋200余平方米的二层房屋，于2000年8月办理了房屋所有权登记，该房屋登记在郭某一人名下。2008年2月27日，在他人介绍下，杨某以郭某的名义与刘某签订了一份房屋买卖合同，将该房屋以3.3万元的价格出卖给刘某，该房屋买卖合同上郭某的姓名系杨某所写，郭某姓名上的手印系杨某所按。合同签订后，刘某按合同要求将购房价款全部支付给了杨某，杨某按合同将房屋及房屋所有权证、国有土地使用证交付给了刘某。郭某知情后，以事前未征得他同意，杨某擅自将该房屋出卖给刘某为由向法院起诉，请求依法确认杨某与刘某签订的房屋买卖合同无效，并依法判令刘某返还房屋及相关证件。

二、思考与练习

1. 表见代理与家事代理有何不同？
2. 如何评判本案？

三、分析与评点

（一）代理与家事代理权

在民事法律上代他人为法律行为或由他人代为法律行为均为代理。或言之，代理是指以他人的名义在授权范围内进行的对被代理人直接发生法律效力的法律行为。在传统民法上，代理关系中有家事代理。所谓家事代理权亦称夫妻代理权或者日常事务代理权，是指夫妻一方因日常家庭事务与第三人交往时所为的法律行为，视为夫妻双方的共同意思表示。其法律后果是配偶一方代表家庭所为的行为，对方配偶必须承担后果责任，配偶双方对其行为承担共同的连带责任。家事代理权最早源于《罗马法》中的"家事委任说"，即妻子的家事代理权是基于丈夫的委托才发生的。因为在古罗马，妇女婚后在家的地位是妻子，不具有完全民事行为能力，须受丈夫支配，丈夫是婚姻共同体的首长，掌管着家庭财产，代表家庭对外行使民事行为。只是后来随着经济社会的发展，家长事务繁多，为了日常生活的便利，丈夫赋予妻子以处理日常事务的权利，这即是家事代理权的原始形态。其含义随着时代的变迁而有所更新，特别是随着妇女解放运动的兴起，男女同权运动的开展，夫妻相互享有家事代理权逐渐获得法律的认可。

---

① 案例来源：杨伍姑．妻子以丈夫名义出卖房屋是否构成表见代理［EB/OL］．［2010-06-21］．http：//www.chinacourt.org.

需要注意的是，夫妻表见代理与家事代理权是截然不同的两种制度。二者在设立目的、责任承担、权限内容等方面存有不同。家事代理权完全是一种有权代理，而表见代理实际上是无权代理，虽然与有权代理对于第三人产生的效果一样，但在代理人与被代理人之间以及在第三人存在恶意的情况下所产生的责任却不一样。

（二）本案中杨某的行为是否构成表见代理？

表见代理是指代理人之代理虽无代理权，但有可使相对人误信其有代理权的事由，因而法律强使本人对于无过失的相对人承担无权代理的被代理人责任。《合同法》第四十九条规定："行为人没有代理权，超越代理权或者代理权终止后以被代理人名义订立合同，相对人有理由相信行为人有代理权的，该代理行为有效。"据悉，对于本案中杨某以郭某名义与刘某签订的房屋买卖合同是否构成夫妻表见代理有两种不同意见。

第一种意见认为，根据《最高人民法院关于适用〈中华人民共和国婚姻法〉若干问题的解释（一）》第十七条的规定，夫或妻非因日常生活需要对夫妻共同财产做重要处理决定，夫妻双方应当平等协商，取得一致意见。他人有理由相信其为夫妻双方共同意思表示的，另一方不得以不同意或不知道为由对抗善意第三人。该房屋是郭某与杨某夫妻共同共有财产，且是刘某与介绍人一起去郭某家签订的房屋买卖合同，此时第三人刘某有足够的理由相信其与杨某签订的房屋买卖合同是郭某与杨某的共同意见，杨某出卖房屋的行为构成夫妻表见代理，该房屋买卖合同有效。

第二种意见认为，杨某的行为不能构成表见代理。不能仅因郭某与杨某系夫妻关系，就简单地认定杨某以郭某名义签订房屋买卖合同行为构成夫妻表见代理，还须有使刘某相信杨某有代理权的表征。而且出卖房屋不属于夫妻日常生活需要的范围，而是属于涉及夫妻共同财产的重大决定，夫妻双方应当协商一致。本案中的郭某并没有向刘某表示出卖该房屋的意思，买卖房屋一事事前未经郭某授权，事后郭某亦未追认，故房屋买卖合同无效。

依据民法理论和民事司法实践，我国夫或妻对夫妻共同所有财产的处理权分为两类：一类是因为日常生活需要而处理夫妻共同财产，任何一方可以决定，这类事务比较繁琐和细小，主要是为了满足家庭成员日常生活交往之需要，如小额购物、看病、旅游等；另一类是非因日常生活需要而对共同财产做重要处理决定的，因其涉及夫妻重要财产的处置，关系重大，需要夫妻双方平等协商，取得一致意见，如房屋买卖、将共同财产捐献赠与等应取得双方一致意见，否则单方实施可能不会产生法律约束力。但为了保护交易安全和善意第三人的利益，《最高人民法院关于适用〈中华人民共和国婚姻法〉若干问题的解释（一）》第十七条第二项规定了夫妻表见代理，即他人有理由相信其为夫妻双方共同意思表示的，另一方不得以不同意或不知道为由对抗善意第三人。与之相同的法律规定还有《合同法》第四十九条，该条规定："行为人没有代理权，超越代理权或者代理权终止后以被代理人名义订立合同，相对人有理由相信行为人有代理权的，该代理行为有效。"

结合本案，杨某以郭某名义处置夫妻共有房屋的行为，事前未征得郭某同意，事后郭某未追认，第三方也不具备善意第三人的表征，所以不能构成夫妻表见代理，依据《民法通则》和《合同法》有关法律规定，该房屋买卖合同当属无效。

【案例五】 挂靠机构被注销后所为法律行为的效果

一、案情简介[①]

王某系经销水泥制品的个体工商户，自 2001 年以来，王某一直向某建筑站供应水泥、黄沙等建筑材料。后王某多次向建筑站催要欠款，至 2002 年 3 月，某建筑公司第二工程处（简称建筑二处）会计吴某经负责人汤某审批后，向王某出据收款收据一份，注明："今欠王某建筑材料款 170 000 元。"在该收据的收款单位处，吴某加盖了建筑公司第二工程处财务专用章。此后王某多次追索无着，遂诉至人民法院，因建筑公司第二工程处不具有法人资格，故其要求建筑公司承担还款义务。审理中查明，建筑站与建筑公司第二工程处系一套班子、两块牌子，汤某既是建筑站站长，又是建筑二处负责人。2002 年 2 月，建筑公司向工商局申请注销其第二工程处，在债务栏内写明："如有未尽事宜，由我公司处理。"2002 年 3 月，"建筑公司第二工程处"的行政章被切角作废。

二、思考与练习

1. 表见代理的构成要件是什么？
2. 如何评判本案？

三、分析与评点

（一）表见代理及其构成要件

所谓表见代理，是指代理人之代理虽无代理权，但是从表面上、客观上具有使无过失的相对人相信其为有权代理人的正当理由，因而法律强使本人（名义上的被代理人）对于无过失的相对人承担被代理人责任的一种特殊的无权代理。由此可见，表见代理是一种无权代理行为，是一种没有代理权的代理，但是法律又将法律责任加以苛责的行为。表见代理主要有以下几个特征：一是无权代理人从事了无权代理行为；二是善意相对人客观上有正当理由相信无权代理人具有代理权，从而与其为法律行为；三是表见代理直接对本人产生效力，不需要本人追认。表见代理的构成要件通常包括：

---

① 案例来源：周修俊. 该案中汤某、吴某的行为是否为表见代理 [EB/OL]. [2010 - 06 - 21]. http://www.chinacourt.org.

1. 行为人无代理权

这是表见代理成立的首要要件,只有行为人无代理权才能成立。情形可能是没有代理权、超越代理权或者代理权终止后以本人的名义进行"代理"行为。无权代理发生后,如果本人对该无权代理行为进行追认,那么该行为将因本人的追认而构成有权代理。

2. 须有使相对人相信行为人具有代理权的事实或理由

这是表见代理成立的客观要件。无权代理之所以可以成为表见代理,关键就在于代理人具有被授权的表象,依一般交易惯例或者情形使得相对人认为代理人有权行使代理行为,如特殊的关系宣示,持有本人的介绍信、加盖公章的空白合同等。

3. 须相对人为善意

这是表见代理成立的主观要件。相对人明知代理人无代理权或者相对人与代理人串通,均不构成表见代理。表见代理的形成除了相对人主观上善意之外,还必须相对人无过失。所谓无过失,是指相对人不知道行为人没有代理权并非因疏忽大意或懈怠造成的。《民法通则》第六十六条第四款规定,第三人知道行为人没有代理权、超越代理权或者代理权已经终止还与行为人实施民事行为给他人造成损害的,由第三人和行为人负连带责任。

4. 须行为人与相对人之间的民事行为应具备民事法律行为生效的要件

表见代理是有效代理,就必然要具备代理的其他生效要件,如标的必须确定、可能和合法,当事人须有相应的行为能力。

(二)本案中建筑公司第二工程处行为的定性问题

本案中建筑公司第二工程处的行为定性具有争议。分歧焦点主要是建筑公司第二工程处会计吴某经负责人汤某审批后,向王某出据加盖有第二工程处财务专用章的收据的行为是否构成表见代理。

一种观点认为,原告的主张成立,法院应支持原告的诉讼请求。理由是:原告自2001年以来一直向建筑站供应建筑材料,而建筑二处与建筑站是一套人马、两块牌子,客观上看来是同一主体。建筑公司第二工程处虽于2002年2月被注销,但是对这一注销事实没有提供外界所知的证明材料,没有对外登报公告等进行公示告知的证据,外界行为相对人并不知晓第二工程处注销事实,且第二工程处与建筑站本身混同,王某有理由相信汤某和会计吴某的行为能代表二处,应当构成表见代理,故原告的主张成立。

而另一种观点认为,法院应驳回原告的诉讼请求。持此种观点的人认为:2002年2月,建筑二处被工商部门注销登记,工商部门的注销登记行为对外即具有法定的公示效力,王某未尽充分的注意义务,其存在一定的过失。且建筑二处注销后,其已经没有独立进行民事活动的资格,原二处负责人汤某、吴某等人明知建筑二处被撤销,仍假借其名义越权从事活动,恶意转移债务的行为明显,对此行为造成的后果理应由直接责任人承担,故应驳回原告对建筑公司的请求。

虽然两种观点各有道理，但相较之下，第一种观点似乎更为可取。对于原告来说，无论被告是否有借机转移责任的故意，在原告看来，被告的行为是具有表见代理的特征的，原告有充分理由相信汤某和会计吴某有权代表建筑公司二处，且正因为建筑公司的不追认，为保护善意相对人的权益，才将汤某和吴某的行为定性为表见代理，否则，公司若加以追认，则为有权代理，无诉讼之必要。

（三）如何评判本案？

《民法通则》第六十六条第一款规定："本人知道他人以本人名义实施民事行为而不作否认表示的，视为同意。"《合同法》第四十九条规定："行为人没有代理权、超越代理权或者代理权终止后以本人的名义订立合同，相对人有理由相信行为人有代理权的，该代理行为有效。"

一般来说，建筑二处被工商部门注销登记，工商部门的注销登记行为对外即具有法定的公示效力，原告对此应该有所知晓。但是本案中，被告建筑公司在举证期限内并未向法庭提供当时向社会公告注销建筑二处的相关证据，也没有证据证明王某知道建筑二处被注销这一事实。虽然在市场经济转型过程中，交易复杂，表见代理的形成除了相对人主观上善意之外，还必须相对人无过失，应当赋予相对人对于行为人的代理给予一定的审核义务，不能因为疏忽大意而误信有代理权。但在具备授权外观的情况下，要求相对人对无权代理人所持有的证书或者资格进行审核则会无形中增加交易成本，使许多交易无法顺畅快捷地进行，最终将妨害市场经济秩序的建立。

本案中，原告是善意相对人，且无过失，故不能苛求原告对被告的资格进行严格审核和过度注意，否则会增加交易成本、有碍交易效率的实现。本案中建筑公司第二工程处虽然被注销，但建筑公司在举证期限内并未向法庭提供当时向社会公告注销建筑二处的相关证据，且建筑公司向工商局申请注销其第二工程处，在债务栏内写明："如有未尽事宜，由我公司处理。"从公平正义的角度，原告王某有理由相信汤某和会计吴某的行为能代表二处，应当构成表见代理，所以建筑公司应当承担建筑二处的债务。

【案例六】无权代理的责任承担

一、案情简介[①]

福州市一食品公司的股东会组成人员发生变更后，原股东许某以公司名义与他人进行交易并欠下债务，债权人将公司告上法庭要求承担债务。日前，福州市中级人民法院

---

① 案例来源：于郑良. 原股东以公司名义从事交易欠下债务 法院判决公司不承担责任 [EB/OL]. http://www.chinacourt.org.

对这起案件作出终审判决：许某的行为属于个人行为，公司不承担责任。

据查，许某曾是福州一食品公司参与经营的股东之一。2000年11月，食品公司股东会成员发生变更，许某不再任公司股东并退出经营活动，公司修改了股东名册，并向登记机关作了股东变更登记。2004年2月至10月，许某以食品公司的名义先后13次向林某购买制作饮料的香精材料，交货地点均在食品公司，并由许某验收后在发货单上签字，货款总额为6.8万元。经多次催讨，许某拒不偿还债务。2006年7月，林某将许某和食品公司告上法庭，要求公司承担连带赔偿责任。

二、思考与练习

1. 无权代理的追认与法律效果是什么？
2. 如何评判本案？

三、分析与评点

（一）无权代理的追认与法律效果是什么？

无权代理的行为主要有以下类型：一是没有代理权而为的代理行为；二是超越代理权限而为的代理行为；三是代理权终止后而为的代理行为；四是无权代理的其他情形，这主要是指代理人和被代理人之间虽然达成了代理协议，但依照国家法律规定或行为的性质必须由本人亲自进行的法律行为。

无权代理的行为，指缺乏代理权的行为，其效力是不确定的。有时无权代理客观上对本人有益，法律并未规定无权代理行为必然无效，而是赋予本人加以追认的权利。无权代理行为只有经过被代理人的追认，被代理人才承担民事责任。未经追认的行为，由行为人承担民事责任。这种状况在有关当事人依法行使权利加以处置之前尚处于或然状态。为促进交易进行和维护交易安全，《民法通则》及《合同法》有关条款对当事人处置无权代理的各项权利及其法律后果做了一系列规定。

《民法通则》第六十六条规定："没有代理权、超越代理权或者代理权终止后的行为，只有经过被代理人的追认，被代理人才承担民事责任。未经追认的行为，由行为人承担民事责任。本人知道他人以本人名义实施民事行为而不作否认表示的，视为同意。"《合同法》第四十八条第一款也作了类似规定："行为人没有代理权、超越代理权或者代理权终止后以被代理人名义订立的合同，未经被代理人追认，对被代理人不发生效力，由行为人承担责任。"然而，按照《合同法》第四十八条第二款的规定，对于无权代理行为，"相对人可以催告代理人在一个月内予以追认。被代理人未作表示的，视为拒绝追认。"据此规定，被代理人知道无权代理人从事无权代理行为而未作追认表示或者否认表示的，视为被代理人拒绝追认无权代理行为，由此产生的一切法律后果由行为人自行承担。可见，在被代理人对无权代理行为未作否认表示的问题上，《民法通则》和

《合同法》规定了截然相反的法律效果。① 但无论是《民法通则》还是《合同法》，均没有对无权代理追认的标准、期限和方式作出明确规定。如果"被代理人"认为无权代理行为符合自己的愿望或利益，则有权追认。经被代理人追认以后，该项代理行为便直接对被代理人发生法律效力。被代理人的追认是一种单方法律行为，至于被代理人追认应采取何种方式，法律并未明确规定，因而应当理解为可以采取各种形式，即可明示，也可默示。

（二）如何评判本案？

本案属于无权代理中的没有代理权而为的代理行为。本案中，许某曾是福州一食品公司参与经营的股东之一。但是在2000年11月，食品公司股东会成员发生变更，许某不再任公司股东并退出经营活动，公司修改了股东名册，并向登记机关作了股东变更登记。此时，许某已经不再是公司股东，因此，许某以食品公司的名义先后13次向林某购买制作饮料的香精材的行为因不具备代理资格并未获得公司授权和追认，属于无权代理，许某行为的法律后果应该由其个人承担。食品公司已经按照法律程序办理了股东变更的相关手续，对公司原股东许某以公司名义进行香精材料交易的行为不承担责任。

本案中，原告与许某的交货地点虽然均在食品公司，并由许某验收后在发货单上签字，但这并不能认定为表见代理，不足以使原告有充分的理由相信许某有代理权，且案件发生后，食品公司也没有对许某的行为加以追认。除此之外，被代理人对无权代理行为未作否认表示的问题上，我国《民法通则》第六十六条和《合同法》第四十八条做了效果相反的规定，依据特殊法优于一般法的规定，应该适用《合同法》的规定。

---

① 闫旭明，原浩. 论无权代理的追认标准［J］. 金卡工程，2009（6）：122.

第四章 诉讼时效

【案例一】无还款期限之债的诉讼时效的认定

一、案情简介①

2006年2月12日，甲公司与乙公司签订工业品购销合同，甲公司供给乙公司23万元的产品，合同约定了产品的名称、型号、规格、数量及单价等，但合同未约定履行期限。甲公司遂按约定给乙公司发运了产品，并于2006年4月17日给乙公司开具了增值税发票，但乙公司一直未付款。直到2009年1月，甲公司进行财务审计时才发现乙公司的债务一直未履行，遂派员催促乙公司付清该项货款，遭乙公司拒绝。甲公司于是诉至法院请求法院判令乙公司付款，乙公司在答辩中以甲公司之债权已逾诉讼时效提出抗辩，拒绝付款。

法院在审理中对于该案讼争债权是否已逾诉讼时效期间，有两种不同的意见：

第一种意见认为，该案诉讼时效期间应从履行购销合同向乙公司发货之日起计算，因而甲公司的债权已逾诉讼时效期间。

第二种意见认为，诉讼时效期间应从知道或应当知道权利被侵害时起算。甲公司之前并未主张过权利，即不可能知道其权利受到了侵害，诉讼时效期间还未开始，甲公司的债权当然未逾诉讼时效期间。

二、思考与练习

1. 诉讼时效届满的法律效果是什么？
2. 本案的诉讼时效应如何认定？

---

① 案例系笔者根据相关案例材料编写。

三、分析与评点

该案实际上涉及对未约定履行期限请求权的诉讼时效的起算问题。因诉讼时效届满对当事人权利产生重大影响，因此，当事人无不关注诉讼时效。

按通常的说法，所谓诉讼时效是指若权利人在法定期间不行使权利，就丧失了请求人民法院对其民事权利给予保护的权利的法律制度。这里对于诉讼时效期间届满的法律后果显然不是太明确，按照《民法通则》第一百三十五条的规定推论，似乎应当是权利人失去"向人民法院请求保护"的利益。按以往学者的普遍认识，即权利人丧失"胜诉权"。因此，我国以往司法实践中采取了依职权主动适用诉讼时效，无需当事人主张就直接驳回请求权人的起诉。[①]

学者认为，这种观点和处理方式不无疑问。从比较法的角度观察，各国普遍的做法是，在诉讼时效届满后，赋予当事人（义务人）通过主张才能拒绝履行义务或免除义务的权利，即只赋予义务人抗辩权。因此，对我国《民法通则》的规定，学者认为只能理解为：诉讼时效完成，只是使义务人取得拒绝履行抗辩权。请求权人仍然可以起诉，如果义务人主张时效抗辩，其起诉不予保护；如果义务人不主张时效抗辩，则请求权人仍然可以胜诉。法院无权也不应该直接适用诉讼时效。[②] 因诉讼时效届满，当事人所享有的实体权利并未消灭，当事人自愿履行的法院不应干预，权利人当然应享有受领的权利。对此，我国司法实务界给予了高度关注，《最高人民法院关于审理民事案件适用诉讼时效制度若干问题的规定》第一条规定，"当事人可以对债权请求权提出诉讼时效抗辩"；第三条规定，"当事人未提出诉讼时效抗辩，人民法院不应对诉讼时效问题进行释明及主动适用诉讼时效的规定进行裁判"。这样就明确了诉讼时效期间届满（完成）后义务人取得抗辩权的法律效果。

对于诉讼时效期间的起算是确定一个债权的诉讼时效期间是否届满的关键。对此，我国《民法通则》第一百三十七条有原则规定，即从当事人知道或应当知道其权利被侵害之时起算。但对未确定履行期限的请求权的诉讼时效并未规定其起算点，因此，在司法实务中产生了不同的认识，本案法院审理时出现的观点即为典型。为克服因不同理解而导致的司法差异，前述最高法院关于诉讼时效的司法解释对此作了明文规定，该解释第六条规定，"未约定履行期限的合同，依照《合同法》第六十一条、第六十二条的规定，可以确定履行期限的，诉讼时效期间从履行期限届满之日起计算；不能确定履行期限的，诉讼时效期间从债权人要求债务人履行义务的宽限期届满之日起计算，但债务人在债权人第一次向其主张权利之时明确表示不履行义务的，诉讼时效期间从债务人明确表示不履行义务之日起计算"。这样，实践中对诉讼时效的适用问题就有了明确把握的标准。

---

① 参见：梁慧星. 民法总论 [M]. 北京：法律出版社，2001：241.
② 龙卫球. 民法总论 [M]. 北京：法制出版社，2002：627.

因此，按照《民法通则》的规定，作为一般债权的货款给付，诉讼时效期间应为普通诉讼时效期间，即 2 年。因而，约定履行期限的给付，其诉讼时效应从约定的履行期限届满之日起计算为两年；而对未约定履行期限的债务，债务人可以随时向债权人履行义务，债权人也可以随时要求债务人履行义务，但应当给对方必要的准备时间。按上述司法解释规定，如果能依法确定履行期限的，诉讼时效期间从履行期限届满之日起计算；"不能确定履行期限的，诉讼时效期间从债权人要求债务人履行义务的宽限期届满之日起计算，但债务人在债权人第一次向其主张权利之时明确表示不履行义务的，诉讼时效期间从债务人明确表示不履行义务之日起计算"。

由此可见，本案的诉讼时效的起始时间应从甲公司向乙公司主张给付货款遭到拒绝时起计算。所以，本案的债务的诉讼时效并未届满（完成），甲公司请求法院判令乙公司付款的诉讼请求法院应予支持。

【案例二】 诉讼时效的中断

一、案情简介[①]

甲公司于 1996 年 2 月 1 日向乙银行贷款 100 万元，期限为 6 个月。期限届满后，甲公司一直没有还款，乙银行亦未主张权利。1998 年 10 月 1 日乙银行向甲公司发出催款通知单，甲公司于同年 10 月 8 日在该通知单上盖章。后由于甲公司仍未还本付息，乙银行遂向法院提起诉讼。甲公司辩称，乙银行起诉时已超过诉讼时效，因为其是 2001 年 3 月 1 日才收到法院送达的起诉状副本。法院认为由于原告起诉状中注明的时间为 2000 年 9 月 28 日，即应认定原告向法院送交诉状的时间为 2000 年 9 月 28 日，故诉讼时效尚未届满；被告不服提起上诉。二审法院认为尽管一审立案审批表中没有注明原告起诉的时间，但经本院调查，一审法院审理此案的业务庭证实，原告是于 2000 年 9 月 28 日提起诉讼的，故判决驳回被告的诉讼请求。

二、思考与练习

1. 诉讼时效中断及其法定事由有哪些？
2. 本案该做何处理？

---

① 参见：马俊驹. 民法案例教程［M］. 北京：清华大学出版社，2002：222.

三、分析与评点

（一）诉讼时效中断及其法定事由

诉讼时效的中断，是指在诉讼时效进行中，因法定事由的发生致使已经进行的诉讼时效期间全部归于无效，诉讼时效期间重新计算。根据我国《民法通则》和最高人民法院的司法解释的规定（下文简称为"司法解释"），诉讼时效中断的法定事由包括：

1. 提起诉讼

"提起诉讼"是各国立法规定的诉讼时效中断的法定事由，这里的提起诉讼除当事人向法院提起民事诉讼外，还包括申请仲裁、申请支付令、申请破产、申报破产债权、为主张权利而申请宣告义务人失踪或死亡、申请诉前财产保全、诉前临时禁令等诉前措施、申请强制执行、申请追加当事人或者被通知参加诉讼、在诉讼中主张抵消以及其他与提起诉讼具有同等诉讼时效中断效力的事项。权利人向人民调解委员会或有关单位提出保护民事权利的请求的，从提出请求时起诉讼时效中断。权利人向人民法院申请执行或者向仲裁委员会申请仲裁的，应从向上述机关提交文件时起诉讼时效中断。权利人被追加为诉讼当事人，从参加诉讼时起诉讼时效中断。此外，根据司法解释的规定，权利人向公安机关、人民检察院、人民法院报案或者控告，请求保护其民事权利的，诉讼时效从其报案或者控告之日起中断。上述机关决定不立案、撤销案件、不起诉的，诉讼时效期间从权利人知道或者应当知道不立案、撤销案件或者不起诉之日起重新计算；刑事案件进入审理阶段，诉讼时效期间从刑事裁判文书生效之日起重新计算。

2. 当事人一方提出请求

这里专指诉讼外的请求，不包括诉讼上的请求。权利人除向义务人直接提出请求外，向债务人的担保人、代理人或财产管理人主张权利的，也可以认定为诉讼时效中断。根据司法解释第十条的规定，具有下列情形之一的，应当认定为《民法通则》第一百四十条规定的"当事人一方提出要求"，产生诉讼时效中断的效力：当事人一方直接向对方当事人送交主张权利文书，对方当事人在文书上签字、盖章或者虽未签字、盖章但能够以其他方式证明该文书到达对方当事人的；当事人一方以发送信件或者数据电文方式主张权利，信件或者数据电文到达或者应当到达对方当事人的；当事人一方为金融机构，依照法律规定或者当事人约定从对方当事人账户中扣收欠款本息的；当事人一方下落不明，对方当事人在国家级或者下落不明的当事人一方住所地的省级有影响的媒体上刊登具有主张权利内容的公告的；但法律和司法解释另有特别规定的，适用其规定。

3. 义务人同意履行义务

同意履行义务的表示方法除了书面或能够证明的口头方式之外，债务人向债权人要求延期给付、对债务履行提供担保、支付利息或租金等，都属于义务人同意履行义务的表现方式。根据司法解释第十六条的规定，义务人作出分期履行、部分履行、提供担保、请求延期履行、制定清偿债务计划等承诺或者行为的，应当认定为《民法通则》第一百四十条规定的当事人一方"同意履行义务"。

诉讼时效中断的效力，可以从两方面理解：①对时效力。这是使中断事由发生前已经进行的诉讼时效全部归于无效，诉讼时效重新计算。②对人效力。在多数人之债务纠纷中，债权人向连带债务人中的一人起诉的，对其他债务人发生同样的效力。但向连带债权人中的一人起诉的，对其他债权人不发生起诉的效力。

（二）对本案的处理

本案甲公司于1996年2月1日向乙银行贷款100万元，期限为6个月。期限届满后，甲公司一直没有还款，乙银行亦未主张权利。到1998年10月1日乙银行向甲公司发出催款通知单时，其诉讼时效已经届满，但问题是甲公司于同年10月8日在该通知单上盖章，按照最高法院的司法解释，该公司的行为应认为是对债务的重新确认，因此，该债权受法律保护。换言之，该债务的诉讼时效应从催款通知确定的还款时间届满而未归还贷款的时间起算。如果银行在此时起两年之内提起诉讼，应当认为其诉讼时效尚未届满。而此处的提起诉讼，应理解为银行向法院递交起诉状（或口头起诉）之时。

本案存在的问题是法院应查明银行起诉的时间，以及到此时起诉讼时效是否届满的事实。一审法院直接以诉讼状中"注明的时间为2000年9月28日"作为起诉的时间，显然，诉状中注明的时间并不等于其向法院递交起诉状的时间，以此认定诉讼时效尚未届满是不严谨的。而二审法院在"一审立案审批表中没有注明原告起诉的时间"的情况下，以"一审法院审理此案的业务庭证实，原告是于2000年9月28日提起诉讼的"为据，判决驳回被告的诉讼请求，实属不当。因此，本案判决有事实不清之嫌。

第五章 物权法原理

【案例一】 买家选定的家具被烧毁的损失承担

一、案情简介[①]

周某到某家具城购买家具，看中了甲公司生产的"352"号红木家具一套，双方达成协议，价款8千元。周某预付订金4千元，甲公司保证三天内将货送到周家。双方在"352"号家具上做了标记。当晚，家具城失火，该套家具被烧毁。

二、思考与练习

本案家具被烧的损失应由周某承担还是甲公司承担？为什么？

三、分析与评点

（一）本案家具被烧损失承担的确定根据

本案家具被烧损失的承担归属取决于家具所有权的归属，而家具所有权的归属取决于家具是否交付。《合同法》第一百四十二条规定："标的物毁损、灭失的风险，在标的物交付之前由出卖人承担，交付之后由买受人承担，但法律另有规定或者当事人另有约定的除外。"因此，从法律规定可以看出，标的物的风险负担是按照交付原则来确定的。具体说来就是，如果该标的物还没有交付给买受人，那么该标的物所有权仍归属于出卖人，该标的物毁损、灭失的风险就仍由出卖人承担。如果是该标的物交付之后，该标的物毁所有权就归属于买受人，该标的物毁损、灭失的风险就由买受人承担。

---

① 案例选自2001年全国律师考试题。

（二）本案被烧毁的家具在被烧毁之前是否完成交付的判断根据

那么，本案被烧毁的家具在被烧毁之前，在周某与甲公司之间是否完成交付呢？这需要根据《物权法》关于动产交付（因为本案涉及的家具是动产）的规定判断。

根据《物权法》第二十三条、第二十四条的规定，除了法律对于船舶、航空器和机动车等物权另有规定之外，动产物权的设立和转让，自交付时发生效力。这里的"交付"即动产交付，是指在设立和转让动产物权时，由出让人将其对动产的占有移转给受让人。这里的"占有移转"有外观上的"占有移转"和观念上的"占有移转"之分，前者称"现实交付"，后者称"观念交付"。现实交付，是指在设立和转让动产物权时，由出让人将其直接管理支配下的动产现实地移转给受让人，使受让人取得对动产的直接占有。观念交付，是指在设立和转让动产物权时，出让人与受让人之间对于动产的占有关系仅仅在观念上发生移转，在外观上并未现实地发生变化。观念交付主要是为了促进交易便捷和节约交易费用而采取的变通方法，它是现实交付的替代形式，故学术上又称之为"交付之代替"。

《物权法》第二十五条至第二十七条是对观念交付的规定，根据这些规定，观念交付包括简易交付、指示交付和占有改定三种方式。

（1）简易交付。这是指在设立和转让动产物权之前，受让人已经占有该动产的，则物权变动自出让人与受让人之间订立的以物权变动为内容的法律行为生效时，即发生效力。例如，乙因借用关系而占有甲的某物，后来甲乙双方约定将该物出卖给乙，那么在甲与乙之间的买卖合同生效时，物权变动即随之发生效力。我国《物权法》第二十五条规定："动产物权设立和转让前，权利人已经占有该动产的，物权自法律行为生效时发生效力。"此即关于简易交付的规定。

（2）指示交付。这是指在设立和转让动产物权时，如果动产尚为第三人所占有，则出让人可将其对第三人享有的返还请求权转让给受让人，以代替动产的现实交付。例如，甲把某物交给乙保管后，又转而出售给丙，则甲可将其对乙享有的该物的返还请求权转让给丙，以代替现实交付。我国《物权法》第二十六条规定，"动产物权设立和转让前，第三人占有该动产的，可以通过转让请求第三人返还原物的权利代替交付"，此即关于指示交付的规定。

（3）占有改定。这是指在设立和转让动产物权时，出让人与受让人之间另行约定，由出让人继续占有该动产，使受让人取得对动产的间接占有，以代替现实交付。例如，甲将某物出卖给乙，但因甲尚需使用该物，故甲与乙另订一个租赁合同，约定甲继续占有该物，由乙取得对该物的间接占有。在甲与乙之间的租赁合同生效时，乙即因占有改定而取得该物的所有权。《物权法》第二十七条规定："动产物权转让时，双方又约定由出让人继续占有该动产的，物权自该约定生效时发生效力。"其所谓双方"约定由出让人继续占有该动产"，就是指占有改定。

（三）本案被烧毁的家具在被烧毁之前是否完成交付的判断

周某与甲公司关于家具买卖的双方协议包括两个内容，一是价款数额与支付，二是家具交付。对于第一个内容，其约定是：价款8千元，周某先预付订金4千元，剩余4千元在收到家具后付清（推知）。对于第二个内容，其约定是：甲公司"三天内将货送到周家"。

需要明确的问题是：本案买受人先预付的订金4千元对于标的物（家具）是否交付的判断是否有影响呢？回答是否定的。在本案的互益交易中，价款支付是以金钱为标的的权利义务关系，家具交付是以家具本身为标的的权利义务关系。因此，价款支付与家具交付是两个问题，两者在法律效果上没有直接联系。就是说，价款支付不等于家具交付，家具交付不等于价款支付。无论本案买受人是否支付价款或者支付价款多少，都不影响对于标的物（家具）是否交付的判断。

根据本案"甲公司保证三天内将货送到周家"的协议可以判断，周某与甲公司对于家具交付约定的是现实交付，具体是指甲公司三天内"将家具送到周家"。显然，本案被烧毁的家具在被烧毁之前，家具在外观上的"占有移转"没有发生。也就是说，周某与甲公司之间没有完成约定的现实交付。

（四）结论：家具被烧毁的损失应由甲公司承担

由于本案的家具在被烧毁之前没有完成约定的现实交付，该家具的所有权仍然归属于出卖人甲公司。相应地，家具被烧毁的损失应由甲公司承担。

【案例二】物权人对于物的追及权

一、案情简介[①]

某招领处将招领期已过的一块瑞士表（系丁某遗失）以拍卖的方式卖给公民甲。后来，公民乙将该表盗走，并以明显较低的价格卖给丙。丙又丢失，被人拾到送失物招领处。现公民甲、丙、丁都向招领处主张所有权。

二、思考与练习

该涉讼手表应归谁所有？为什么？

三、分析与评点

（一）追及权及其限制

追及权，是指物权标的物无论辗转至何人之手，除法律另有规定外，物权人都可以

---

① 案例选自2001年全国律师考试真题。

依法向物的占有人追索，请求返还原物。追及权属于物上请求权的一种形式，具体讲是请求返还原物和孳息的一种形式，因而不是独立于物上请求权之外的一种权利。设立追及权的目的是恢复物权人对物的支配权。物权的追及效力主要表现在以下两种情况中：一是当标的物由无权处分人转让给第三人时，除法律另有规定之外，物权人有权向第三人请求返还原物；二是当抵押人擅自转让抵押物给第三人时，如果抵押权已经登记，抵押权人得追及至抵押物之所在行使抵押权。

前述"除法律另有规定外"意味着，只有在法律没有"另有规定"的情况下，物权人的追及权才是存在的。相反，如果"法律另有规定"，且与追及权发生冲突，那么追及权就不存在或者说丧失。这也意味着，物权的追及效力不是绝对的，而是相对的。比如，为维护交易安全，保护善意第三人的利益，物权法对物权的追及效力设有若干限制。物权人在以下这些设定的情况下，丧失追及权。第一，善意第三人对标的物的占有受善意取得制度和时效取得制度的保护。当善意第三人按善意取得制度或时效取得制度取得标的物所有权时，原所有人无权请求善意第三人返还原物，只能请求无权处分人赔偿损失。第二，物权未按法定方式公示者，不具有对抗善意第三人的法律效力，即对善意第三人不具有追及效力。例如，未经登记的抵押权，如抵押人将抵押物擅自让与第三人，抵押权人不得追及至第三人行使抵押权。第三，物权登记错误时，与登记名义人进行交易的善意第三人受登记公信力的法律保护，真权利人对善意第三人无追索力。

（二）本案丁某有无追及权

该表原本系丁某所有，后被丁某遗失。因此，该表第一次在招领处的性质属于丁某的遗失物。我国《物权法》对于遗失物的处理规定是：①所有权人或者其他权利人有权追回遗失物（第一百零七条）。②拾得遗失物，应当返还权利人。拾得人应当及时通知权利人领取，或者送交公安等有关部门（第一百零九条）。③有关部门收到遗失物，知道权利人的，应当及时通知其领取；不知道的，应当及时发布招领公告（第一百一十条）。④遗失物自发布招领公告之日起六个月内无人认领的，归国家所有（第一百一十三条）。根据《物权法》第一百零七条的规定，该表在第一次招领期内，本案中的丁某有权追回遗失物（即有追及权），可以向招领处主张所有权。但是，根据《物权法》第一百一十三条的规定，丁某因为在招领期内没有及时认领而丧失了所有权（此时变归国家所有），相应地丧失了追及权。这属于"法律另有规定"的且与物权追及权发生冲突的情况，丁某的追及权丧失。

（三）该表第二次在招领处时，谁对表有追及权

要确定谁对于表有追及权，首先需要确定该表第二次在招领处时，该表是谁的遗失物。从前面的分析已经知道，丁某因为在第一次招领期内没有及时认领而丧失了所有权，所以该表第二次在招领处时，已经无丁某的遗失物可言。这里只需要在相关的甲、乙、丙三人中逐个分析，进而判断是甲的还是丙的遗失物。

先看甲。公民甲在拍卖中购得该表，是合法取得，具有该表的所有权。该所有权在

以后只要没有丧失，就可以认为是甲的遗失物。

再看乙。公民乙将该表盗走，其行为性质属于非法占有，公民乙不可能享有该表的所有权，也无权处分其占有的表。该表在公民乙手中时，所有权人仍然是公民甲，该表仍是甲的遗失物。

最后看丙。公民乙将表卖给公民丙，此时，公民乙是无处分权人，公民丙是受让人。在这种情况下，公民丙只有善意取得该表，才享有该表的所有权；否则，不享有该表的所有权。根据我国《物权法》第一百零六条的规定，善意取得是指财产的占有人无权处分其占有财产，但将该财产转让给第三人（即受让人），如果第三人在取得该财产时出于善意，且是有偿的，则第三人依法取得对该财产的所有权。善意取得的成立条件是：其一，财产的出让人须是无处分权人。其二，财产转让已经依法公示，即应当登记的已经登记，不需要登记的已经交付。其三，转移的财产不是法律禁止流通的。其四，第三人取得财物时须出于善意。所谓善意，是指第三人不知道，也不可能知道转让人为无处分权人。其五，第三人取得财物时是有偿的，而且价格合理。本案中丙所买的该表是盗窃物，是法律禁止流通的；公民丙以明显的低价买到该表，说明公民丙支付的"价格"不"合理"；从支付的价格可以推定公民丙不具有"善意"的主观要件。因此，公民丙不构成善意取得，不能成为该表的所有权人。如此，该表虽然在公民丙手中时，但是所有权人仍然是公民甲。丙将该表丢失，使得该表第二次被送到失物招领处时，由于丙不能成为该表的所有权人，所以，该表根本不可能成为丙的遗失物，而只能是甲的遗失物。

从上述本案相关个人的逐个分析中知道，该表第二次在招领处时，其性质只能是甲的遗失物。根据《物权法》第一百零七条的规定，本案瑞士表所有权人甲有权追回自己的遗失物——瑞士表。又由于案中没有出现因为"法律另有规定"而使甲的追及权丧失的情形，所以甲对于该表可以行使追及权。

（四）结论：该表应归公民甲所有

综上所述：①该表第二次在招领处时，丁某对于该表已经丧失所有权和追及权，所以该表不应归丁某所有。②公民丙对于该表不构成善意取得，也就没有追及权，所以该表不应归丙所有。③公民甲在拍卖中购得该表，属于合法取得，故具有该表的所有权。虽然在其后历经乙、丙之手并最后辗转至招领处，但其所有权没有丧失，追及权仍然存在。所以，在第二次招领的认领期限内，只有公民甲有权向失物招领处主张所有权。在甲、丙、丁都向招领处主张所有权的情形下，该表只应归甲所有。

【案例三】房屋登记与所有权归属的确认

一、案情简介[①]

记者：有一对父子因为房产纠纷反目，打起了官司，这是怎么一回事呢？

记者首先来到这起案件的原告——父亲家里。父亲拿出房产证对记者说：房产证上清清楚楚地写的是我的名字，现在我儿子住在里面，不让我住，我当然要告他了。

记者又去了被告——原告的儿子家。儿子拿着他爷爷的遗像对记者说：这房子本来是我爷爷的，后来他老了、病了，没人照顾他，全家就开了一个家庭会议，最后大家推选我来照顾爷爷。爷爷说：谁给我养老送终，这个房子将来就给谁。全家都同意，所以爷爷走后，我就一直住在这儿。我和媳妇在这个房子里照顾爷爷已经五年了。若您不信，可以问我姑。

姑姑：这房子是我爸爸的，家庭会议确实开过，我们赞成我侄儿住。我记得当时主持会议的是我爸的朋友——老邻居赵大爷，你们可以去问问他。

赵大爷：没错，我和老李是几十年的老朋友，为了开这个会，他专门来找我，目的就是希望有个小辈儿好好照顾他。会上他说，谁照顾他养老，这房子就归谁。当时他儿子、闺女都在，也都同意。

记者又找到父亲（原告）。父亲说：不管怎么说，这房子房改的时候是我买下来的，虽说钱不多，可房产证是我的（名字）。

记者又找儿子（被告）。儿子说：房改的时候，我爷爷单位没通知我，当我知道消息去交钱的时候，发现爸爸已办好了房产证。我想都是一家人，也不能跟我爸争，何况这房子的归属是早就说好了的。按说我起码有优先购买权。

儿子在应诉中提出反诉，要求办理争议房产的变更登记（变更登记在自己名下）。

二、思考与练习

本案父子争议的房产依法应该归谁所有？如何处理？

三、分析与评点

本案需要首先理清两个基本问题：一是该房屋的实际所有权应归谁？二是房产证上是父亲的名字，其法律效力如何？然后才能进一步探讨本案如何处理。

---

① 案例选自 2000 年全国律师大赛辩论案例，略有改动。

（一）该房屋的所有权实际应当归谁？

1. 该房屋的最初所有权实际应归谁

该房屋是爷爷单位的房改房，对于房改房，只有有资格的人才能按照房改房价格购买，没有购买资格的人，不能按照房改房价格购买。本案中，只有爷爷对于该房屋才有购买资格。因此，该房屋的购买人是爷爷。虽然这房子房改的时候是父亲出钱买下的，但是，这属于父亲为爷爷垫付购买款，父亲并不因此是实际购买人，实际购买人仍然是爷爷。因此，该房屋的最初所有权实际应归爷爷。

2. 该房屋的最终所有权实际应归谁

既然爷爷是该房屋最初的实际所有权人，那么爷爷在事实上有处分该房屋的权利。在全家的家庭会议上，爷爷说"谁给我养老送终，这个房子将来就给谁"，这是爷爷在事实上行使该房屋处分权的意思表示。其中的"谁"，应当指家庭会议上所在的家庭成员，他们都是在法定继承人范围之内的人，包括本案被告（原告的儿子）。爷爷的话在法律上可以看作是有条件的遗嘱继承。大家"推选"被告（原告的儿子）照顾爷爷，而且"全家都同意"爷爷的话，说明爷爷在事实上行使该房屋处分权时该房屋不存在权利争议。本案中，被告已经履行了给爷爷"养老送终"的遗嘱继承条件，就应当按照爷爷遗嘱中"谁给我养老送终，这个房子将来就给谁"的意愿，继承爷爷的该房屋。因此，该房屋的最终所有权应归被告。

（二）该房屋的房产证上是父亲的名字，其法律效力如何？

房屋属于不动产，房屋所有权是不动产所有权。不动产所有权的取得不同于动产所有权，对于动产所有权的取得可以适用先占、添附、时效取得等方式，而不动产所有权是实行登记取得，只有完成登记，才能取得所有权。房屋所有权取得就是如此。对于房屋而言，不管是自己修建的还是购买的，并不是在事实上占有就自然取得所有权。只有完成登记，才能取得所有权。本案房屋不管是最初所有权应归爷爷，还是最终所有权应归原告的儿子，爷爷或者原告的儿子在法律上都没有取得所有权，因为没有完成爷爷或者原告儿子名下的登记。现在，房产证上的房屋所有权人是原告的名字，就应当认为父亲是房屋所有权人。

（三）该房屋的"应然"所有权人与"实然"所有权人不一致怎么办？

一般情况下，房屋的房产证是谁的名字，该房屋就应归谁所有。只要没有相反证据证明该房产登记错误，都是如此。但是，如果登记有错误，就会发生房屋的"应然"所有权人与"实然"所有权人不一致的情形，本案就是如此。本案中，该房屋房产证上是父亲的名字，这说明，该房屋虽然实际应归爷爷或者被告，但是却登记在父亲名下。按照登记，本案中的父亲应该是房屋的所有权人。但是，根据案情，该登记是有瑕疵的。因为，如果登记是爷爷在世时完成，则该登记的权利主体与真正的权利主体不符；如果登记是在爷爷去世后完成，则该登记的权利主体与真正权利人爷爷的"谁给我养老送终，这个房子将来就给谁"的真实意思不符。因此，该登记不管是爷爷在世时完成的，还是爷爷去世后完成的，即使房子登记在父亲名下，父亲都不是真正的房子所有权人。

这里就发生了如此的悖论：爷爷或者被告应该是该房屋的真正所有权人但在法律上却没有所有权，父亲实际上没有所有权但是在法律上却有所有权。这说明该登记与真正所有权人不符，因而是一个错误的登记。对此错误登记应该怎么办？法律是坚持错误的登记而支持形式上的所有权，还是纠正错误的登记而支持真正所有权呢？应当说，我国《物权法》既无对于错误公示只能维持、不能纠正之意蕴，也无对于错误公示只能纠正、不能维持之意蕴。根据我国一贯的法律精神，应当有错必纠，但是《物权法》奉行物权法定主义，对于某些特殊情形，我国《物权法》有特别规定，即为了保护他人物权利益，即使公示错误也不纠正，即有错不纠。《物权法》第六条、第一百零六条第一款关于公示公信原则的规定就是如此。

《物权法》中的公示公信原则有两个方面的基本内容：一是公示原则。公示原则即物权的变动必须按法定的方式让公众知晓的原则。物权变动，如仅有当事人的合意而不按法定的方法进行公示，则或者不发生物权变动的效力，或者其物权变动不能对抗善意第三人。我国《物权法》第六条规定："不动产物权的设立、变更、转让和消灭，应当依照法律规定登记。动产物权的设立和转让，应当依照法律规定交付。"这一规定体现了公示原则。二是公信原则。公信原则即依法进行的物权公示，具有社会公信力的原则。社会公信力即社会公众对于依法公示的物权具有信任力，同时，基于对于该物权的信任而进行的物权行为具有法律保护力。公信原则意味着，对于依法公示的物权，在存在善意第三人的情况下，不管公示错误与否，都维持该公示的效力，从而使善意第三人的利益得到保护。这自然意味着，如果公示错误，即公示的物权名义人不是真正的物权人，因相信物权公示而与公示的物权名义人进行交易的善意第三人的利益受法律的保护。比如善意第三人向登记的房屋所有人购买房屋，即使该登记名义人不是房屋的真正所有人，该购买人仍取得其购买房屋的所有权。根据我国《物权法》第一百零六条第一款的规定，无处分权人将不动产或者动产转让给受让人的，如果转让的不动产或者动产依照法律规定应当登记的已经登记，不需要登记的已经交付给受让人，除法律另有规定外，受让人取得该不动产或者动产的所有权。这一规定既是公信原则的具体体现，也是公信原则含义的诠释。

公示公信原则意味着，在公示错误的情形下，对于原来的错误公示是将错就错、有错不纠。这一方面的确保护了善意第三人的物权利益，但是另一方面也必然会损害原来的真正所有权人的物权利益。应当说，这是在两个主体物权利益之间发生冲突情形下的选择。但是，这种选择并不意味着对于原来的真正所有权人的物权利益不予保护，只是意味着在两个主体物权利益之间发生冲突情形下，对于原来的真正所有权人的物权利益只能选择其他保护方法（如债权保护方法，即错误公示中的物权人对于真正物权人的赔偿）。这是不得已的选择、无奈的选择。

上述分析说明，该房屋的"应然"所有权人与"实然"所有权人不一致，是一个错误的登记。对此错误登记，要么选择维持，要么选择纠正。维持登记即维持父亲的所有权，支持父亲的请求；纠正登记则支持儿子的请求，恢复儿子的所有权。选择的依据则取决于有无维持错误登记的直接规定或一般规定。考察《物权法》的规定，我们找不到对于本案维持错误登记的直接规定，只能看公示公信原则对于本案是否适用。如果适用，就应当维持错误登记的效力，支持父亲的诉讼请求；如果不适用，就应当纠正错误登记，支持儿子的诉讼请求。

（四）本案适用公示公信原则吗？

这里尤其需要注意对于公信原则的正确理解。公信原则的核心精神是对善意第三人利益的保护。在本质上，公信原则是针对善意第三人设计的制度。因此，它的适用以善意第三人存在为前提或者适用条件。在有善意第三人的情况下，为保护善意第三人的利益，原来的公示（如房产登记）如果正确，当然需要而且应当维持；如果错误，虽然不应当但是仍然需要维持（即将错就错），这是不得已的维持。如此，真正物权人的物权利益就无法维护，只能寻求别的保护办法（如债权保护）。这说明，《物权法》对于错误的物权公示维持其效力，是有前提或者条件的，这个前提或者条件就是存在善意第三人。如果不存在善意第三人这个前提或者条件，也就不存在为保护善意第三人利益而根据公信原则维持错误公示之效力的问题。

本案存在善意第三人吗？回答是否定的。本案的爷爷或者儿子应该是该房屋的真正所有权人，但实际上登记的所有权人是父亲，这说明该登记是一个错误的登记。父亲没有将该错误登记的房屋产权与他人为交易行为，这说明与该错误登记相联系的第三人根本不存在，当然也不存在善意第三人。既然不存在善意第三人这个前提或者条件，也就不存在是否适用公示公信原则的问题。没有适用公示公信原则的问题，也就不存在根据公信原则，维持错误公示（房产登记）的问题。因此，公示公信原则对于本案不适用。

（五）结论与处理

本案房屋应该归儿子所有，支持儿子的诉讼请求。

从前面的分析可知道，对于本案的错误登记，既没有维持错误登记的直接规定，也没有维持错误登记的一般规定（本案不具备公示公信原则适用的前提或者条件），维持错误的房产登记就缺乏法律依据。既然如此，就应当根据有错必纠的法律精神来纠正原来的错误登记，以维护真正物权人（本案中原告的儿子）的物权利益。具体地讲，就是支持儿子的请求。

【案例四】利用他人国库券存单作质押担保的效力

一、案情简介[①]

王某系市科教服务中心经理，与李某关系较密。1999年3月29日，李某在中国建设银行邳州支行信用卡部购买73 000元三年期记账式国库券存单一张。2000年5月10日王某出具借条向李某借取该存单，欲质押贷款。此借条载明：借李某面额73 000元存单一张，作贷款抵押之用，于2001年5月1日前归还，借款人王某加盖其私章。2000年5月13日王某与李某持该存单到建设银行给王某办理65 000元质押贷款，期限为3个月。贷款逾期后，建行多次向王某催讨贷款，因王某无资还款，经双方协商，建行两次同意给王某展期还款。王某第二次展期逾期后，仍无资还款，于2001年4月13日到建行说服其卡部职员，其职员在王某尚未还清借款本息的情况下，让王某拿走了李某的质押存单，王某于当日又利用其职务之便持其科教服务中心职工冯某的身份证及李某的存单到张楼农村信用合作社，以冯某的名义申请质押贷款68 000元。信用社对贷款申请审查后，只要求王某到存单的储蓄机构建行签署意见加盖印章，并无其他质疑和要求。建行卡部在王某的要求下，在李某存单背面书写了"此单作贷款抵押且已经冻结"的证明，并加盖了卡部的业务印章。信用社接到存单冻结证明后，即放贷款68 000元给王某并约定2001年12月30日前归还贷款。王某接着于当日归还建行借款本息67 430元。2001年5月1日之后，李某多次找王某要求返还存单。因王某拖着不还，又于2001年5月27日与王某达成协议：定于2001年6月30日前归还存单，否则以存单面额每日千分之五加收利息。该协议逾期后，王某下落不明，李某遂到建行询其存单，才得知其存单在信用社，遂到法院起诉要求信用社返还存单并赔偿损失。

本案争执焦点：一是该质押担保关系是否有效？二是信用社是否有侵权行为？三是该案实体如何处理？

在李某存单在信用社的质押担保是否有效的问题上，有两种相反的意见。

一种意见认为，该案质押担保有效。理由是：根据《中华人民共和国担保法》（以下简称《担保法》）第七十五条的规定，存单的质押是权利的质押。存单是有价证券，是权利的凭证。既然王某取得李某的存单，且双方已经讲明借存单作贷款质押，那么王某就有权处置存单。因此，王某有权根据约定到任何一个有贷款资格的金融机构持李某的存单质押贷款。王某持李某的存单到信用社质押担保借款且经过存单所在储蓄所签证，此质押担保应系有效的民事行为。

[①] 案例源自：[作者不详] 该质押担保是否有效 [EB/OL]. 法律服务网，http://www.biglawyer.org/more/lunwen/20090401/58855.html.

另一种意见认为，王某以李某的名义与信用社订立的借款质押担保无效。其理由是：其一，从《担保法》第六十三条规定的质押上看，出质人（债务人或第三人）只能用自己享有所有权的动产或权利出质，不能用他人的动产或权利出质。本案出质的质物是一定期存单，依照其性质，在未声明转让变更的情况下，其所有权仍属于存单户李某，债务人王某未经李某同意持其存单质押，作为李某存单的出质人，显然不妥，王某没有权利利用李某的存单出质。因此，王某的行为不符合《担保法》规定，王某以李某的名义与信用社之间订立的质押担保关系是不成立的，无法律效力。其二，从《担保法》第六十四条规定的两个要件看："出质人和质权人应当以书面形式订立质押合同，质押合同自质物移交于质权人占有时生效"。依此可见，质押担保必须具备两个条件才能生效。一是形式要件，即出质人应与质权人订立质押合同；二是实质要件，即质物必须移交质权人占有，两条件缺一不可。王某持李某的存单到信用社以第三人的名义申请质押贷款，信用社在借款申请人未到场，住址及相关情况未落实，又未见出质人李某的意见表示，更未依法签订必要的质押合同的情况下，只认为占有了质物（存单）就万事大吉，草草地将款借于他人，其借款合同的质押担保不具备必要的形式要件，因此是无效的民事行为，不具备法律效力。

二、思考与练习

1. 权利质权及其成立条件是什么？
2. 该对本案如何评述？

三、分析与评点

本案李某要求信用社返还存单并赔偿损失的诉求能否实现，症结是信用社对于李某存单是否享有质权。如果有，李某败诉；如果没有，则李某胜诉。而信用社对于李某存单是否享有质权，这取决于李某存单在信用社的质押担保是否有效。

（一）本案的质押类型

质押担保是指债务人或第三人将其财产移交给债权人占有，作为履行债务的担保，在债务人不履行到期债务或者发生当事人约定的情形时，债权人可以依法以其占有的担保财产变价并优先受偿。债权人享有的依法以其占有的担保财产变价并优先受偿的权利称为质权。质押与质权是对于同一现象的两个不同角度的概念：对于提供担保的人而言，它是质押；对于接受担保的人而言，它是质权。质押是《担保法》规定的五种担保方式之一，质权是《物权法》规定的三种担保物权之一。

我国《物权法》和《担保法》根据质权客体的不同性质，都将质权分为动产质权和权利质权。动产质权是以可转让的动产为标的物而设定的质权，具体是指为担保债务的履行，债务人或者第三人将其动产出质给债权人占有，债务人不履行到期债务或者发生当事人约定的实现质权的情形，债权人享有就该动产优先受偿的权利。权利质权是以可转让的财产权利为标的物而设定的质权，具体是指为担保债务的履行，债务人或者第三人将其财产权利出质给债权人占有或履行质权登记，债务人不履行到期债务或者发生当事人约定的实现质权的情形，债权人享有就该财产权利优先受偿的权利。本案中涉及的质权客体是国库券存单，以可转让的财产权利为标的物，因此，本案中涉及的质权是权利质权。

(二) 权利质权的成立条件

我国《担保法》和《物权法》虽然颁布时间不同，关于可以质押的财产权利具体范围有一些差异，但是对于权利质权（押）成立基本条件的规定是相同的。这些条件是：

1. 权利客体是依法可以质押的财产权利

《担保法》第七十五条规定的可以质押的财产权利包括："（一）汇票、支票、本票、债券、存款单、仓单、提单；（二）依法可以转让的股份、股票；（三）依法可以转让的商标专用权，专利权、著作权中的财产权；（四）依法可以质押的其他权利。"《物权法》第二百二十三条规定的可以质押的财产权利范围包括："（一）汇票、支票、本票；（二）债券、存款单；（三）仓单、提单；（四）可以转让的基金份额、股权；（五）可以转让的注册商标专用权、专利权、著作权等知识产权中的财产权；（六）应收账款；（七）法律、行政法规规定可以出质的其他财产权利。"

2. 由出质人与质权人以书面形式订立质押合同

根据《担保法》第八十一条和第六十四条规定，出质人和质权人应当以书面形式订立质押合同。而且在第六十五条规定了质押合同应当包括的内容，即："（一）被担保的主债权种类、数额；（二）债务人履行债务的期限；（三）质物的名称、数量、质量、状况；（四）质押担保的范围；（五）质物移交的时间；（六）当事人认为需要约定的其他事项。"《物权法》第二百二十九条、二百一十条规定了与《担保法》类似的内容，即设立质权，当事人应当采取书面形式订立质权合同。质权合同一般包括下列条款："（一）被担保债权的种类和数额；（二）债务人履行债务的期限；（三）质押财产的名称、数量、质量、状况；（四）担保的范围；（五）质押财产交付的时间。"

3. 除了登记成立的质权以外，出质人应将质押的财产权利凭证交付质权人

《担保法》对于不同财产权利的质权设定，因客体不同而有移转和登记之异，如：以汇票、支票、本票、债券、存款单、仓单、提单出质的，应当在合同约定的期限内将权利凭证交付质权人。质押合同自权利凭证交付之日起生效（《担保法》第七十六条）；以依法可以转让的股票出质的，出质人与质权人应当订立书面合同，并向证券登记机构办理出质登记，质押合同自登记之日起生效。其中，以有限责任公司的股份出质的，适用《公司法》股份转让的有关规定，质押合同自股份出质记载于股东名册之日起生效（《担保法》第七十八条）；以依法可以转让的商标专用权，专利权、著作权中的财产权出质的，出质人与质权人应当订立书面合同，并向其管理部门办理出质登记。质押合同自登记之日起生效（《担保法》第七十九条）。可见，除了登记成立的质权以外，出质人

将质押的财产权利凭证交付质权人，质权才能成立。

《物权法》对于不同财产权利的质权设定，同样因客体不同而有移转和登记之异，具体是：有价证券质权（即以汇票、支票、本票、债券、存款单、仓单、提单出质）自权利凭证交付质权人时设立，没有权利凭证的，自有关部门办理出质登记时设立（第二百二十四条）；基金份额、股权质权（即以基金份额、股权出质），以基金份额、证券登记结算机构登记的股权出质的，自证券登记结算机构办理出质登记时设立；以其他股权出质的，自工商行政管理部门办理出质登记时设立（第二百二十六条）；知识财产质权（即以注册商标专用权、专利权、著作权等知识产权中的财产权出质）自有关主管部门办理出质登记时设立（第二百二十七条）；债权质权（即以应收账款出质）自信贷征信机构办理出质登记时设立（第二百二十八条）。

上述说明，《担保法》和《物权法》规定的精神相同，即：除了登记成立的质权以外，出质人应将质押的财产权利凭证交付质权人，质权才能成立。

对于权利质权成立而言，上述三个条件缺一不可。

（三）关于本案信用社是否具有质权的判断

本案信用社是否具有质权的判断取决于李某存单在信用社的质押担保是否有效。要判断李某存单在信用社的质押担保是否有效，应当依据《担保法》和《物权法》的有关规定。具体讲要符合权利质权成立的三个条件。这就需要从三个方面分析：一是此案中的国库券存单是否为合法的质押标的或者质权客体；二是李某与信用社有无合法的质押合同；三是国库券存单是否合法交付。如果结论都是肯定的，李某存单在信用社的质押担保就有效，否则无效。下面逐项分析：

首先，从质押担保的客体条件看。《物权法》第二百零九条规定，法律、行政法规禁止转让的动产不得出质。根据《物权法》第二百二十九条的规定，法律、行政法规禁止转让的财产权利不得出质。考察现行法律、行政法规，没有禁止国库券存单转让的规定。因此，本案中的国库券存单就可以认定是依法可以质押的财产权利。具体讲，是《担保法》第七十五条规定的"依法可以质押的其他权利"，也是《物权法》第二百二十三条规定的"法律、行政法规规定可以出质的其他财产权利"。因此，本案中的国库券存单用作质押担保合法。这符合权利质权成立的第一个条件。

其次，从质押合同条件看。本案的实际情况可以看作是，王某以李某的存单为质押标的与信用社订立了为冯某贷款的口头"质押合同"，我们从中可以得出下面四个基本判断：

1. 王某没有出质人资格

根据《担保法》第六十三条、第八十一条的规定和《物权法》第二百零八条、二百二十九条的规定，权利质押担保中的出质人应当是提供质押财产的人，而且应当是财产权利的所有人。就是说，出质人（债务人或第三人）只能用自己享有的权利出质，不能用他人的权利出质。本案出质的财产权利是定期国库券存单，依照其性质，在未声明转让变更的情况下，其所有权仍属于存单户李某。因此，本案中的李某才具有出质人资格，而王某没有利用李某的存单出质的资格。

2. 王某没有签订质押合同的资格

根据《担保法》第六十四条、第八十一条和《物权法》第二百一十条、第二百二十九条的规定，质押合同是出质人与质权人之间的合同，在本案，只有李某才有资格（作为出质人）与信用社（作为质权人）签订质押合同，而王某没有与信用社签订质押合同的资格。

3. 王某也没有代理李某与信用社签订质押合同的资格

在本案，王某是在李某不知道的情况下把李某的国库券存单用作冯某在信用社的贷款质押担保，说明李某根本没有委托王某与信用社签订质押合同。因此，王某没有代理李某与信用社签订质押合同的资格。

4. 本案没有质押合同的法定形式——书面形式

同样根据《担保法》第六十四条、第八十一条和《物权法》第二百一十条、二百二十九条的规定，质押合同应当以书面形式。本案信用社对王某以冯某名义的贷款申请审查后，只要求王某到存单的储蓄机构建行签署意见加盖印章，并无其他质疑和要求。而且，信用社接到存单冻结证明后，即放贷款68 000元。这说明，书面形式的质押合同根本不存在。

从上面四个基本判断可以看出，王某与信用社订立的口头"质押合同"，既不符合质押合同的主体条件，也不符合质押合同的形式条件，不符合权利质权成立的第二个条件。

再次，从质押担保的程序看。《担保法》第六十四条规定，"质押合同自质物移交于质权人占有时生效"。《担保法》第八十一条规定，将此规定运用于需要交付财产权利凭证的情形，则质押合同自财产权利凭证移交于质权人占有时生效。《物权法》第二百一十二条又规定，"质权自出质人交付质押财产时设立"。根据《物权法》第二百二十九条的规定，将此规定运用于需要交付财产权利凭证质权的情形，则质权自出质人交付财产权利凭证时设立。《担保法》与《物权法》对于"交付"后的法律效果的表述虽然不同（前者是"质押合同生效"，后者是"质权设立"），但是，从"质押合同生效"的延伸意义理解，二者没有本质区别。因为"质押合同生效"的延伸意义就是"质权设立"，对于质权人而言，都是指质权成立。

最后，本案的权利质押的标的——国库券存单是需要交付的财产权利凭证，信用社只有经过合法交付而实际上占有了国库券存单后才可能享有质权，仅仅在形式上占有了国库券存单不等于享有质权，其形式上占有了国库券存单只是享有质权的条件之一。信用社的"实际占有"必须以合法的质押合同（李某与信用社之间的质押合同）为前提，并且有国库券存单的合法交付（李某向信用社交付）。如此，信用社才能享有质权。本案的信用社虽然实际上占有了国库券存单，但是没有合法的质押合同和合法交付，因此，信用社并不能享有质权。

（四）对本案争执意见的简要评论

前述第一种意见认为，"既然王某取得李某的存单，且双方已经讲明借存单作贷款质押，那么王某就有权处置存单。因此，王某有权根据约定到任何一个有贷款资格的金融机构持李某的存单质押贷款"。这里有推理错误。以"王某取得李某的存单"为由，推出"王某就有权处置存单"这一结论是错误的。因为建行卡部职员"在王某尚未还清借款本息的情况下，让王某拿走了李某的质押存单"，而且没有李某的意思，"王某取得李某的存单"是一个非法行为，而基于非法行为推出的"王某就有权处置存单"的结论当然是错误的。以"双方已经讲明借存单作贷款质押"为由，推出"王某就有权处置存单"这一判断也是错误的，因为"双方已经讲明借存单作贷款质押"并无"王某就有权处置存单"之意蕴。由于前面的推理错误，后面以此错误为由，进一步得出的"王某有权根据约定到任何一个有贷款资格的金融机构持李某的存单质押贷款"结论就也是错误的。

前述第二种意见基本结论正确，但是在表述上有两处欠妥，这是应当注意的。

第一个理由认为，本案"王某以李某的名义与信用社之间订立的质押担保关系是不成立的，无法律效力"，这里表述不妥。对于合同而言，合同不成立当然无法律效力，如果合同成立但是不符合法律规定也无法律效力。本案显然应当是王某以李某的名义与信用社之间订立的质押担保关系成立，但是不符合法律规定，所以无法律效力。而不是因为"质押担保关系不成立"而"无法律效力"。因为"成立""不成立"是事实问题，"合法""不合法"是法律评价问题。

第二个理由认为，本案"质押担保不具备必要的形式要件，因此是无效的民事行为，不具备法律效力"。根据其前后文，这里的"形式要件"是指书面质押合同。这里给人以本案只是因为形式要件不合法而无效的错觉，忽视了本案还有因为合同的实质要件不合法而无效的问题。

（五）结论

李某存单在信用社的质押担保是王某以李某的存单为质押标的与信用社订立的为冯某贷款担保的口头"质押合同"，其质押合同无效；信用社基于无效的质押合同而实际占有李某的国库券存单，不能取得质权。

【案例五】在为他人检修故障车过程中受伤与留置权的成立

一、案情简介[①]

2004年12月，原告甲聘请的司机乙驾驶原告所有的重型自卸货车至一汽配店，因汽车有故障，故打电话至某修配厂，某修配厂业主A即派其修理工B去检修。B在检修汽车的过程中，货车翻斗因故障自动下降压伤其手和腰，A和B家属即扣押原告甲的自卸车，以向原告索要赔偿。后原告甲诉至人民法院，要求行使留置权，要求被告A和B赔偿自己的损失。

对于被告A和B扣押原告甲的自卸车，是属于行使留置权还是非法扣车，对此有两种不同的意见。

一种意见认为，被告A和B享有留置权。理由是，我国《担保法》第八十四条规定："因保管合同、运输合同、加工承揽合同发生的债权，债务人不履行债务的，债权人有留置权。法律规定可以留置的其他合同，适用前款规定。当事人可以在合同中约定不得留置的物。"《最高人民法院关于审理人身损害赔偿案件适用法律若干问题的解释》第十条规定："承揽人在完成工作过程中对第三人造成损害或者造成自身损害的，定作人不承担赔偿责任。但定作人对定作、指示或者选任有过失的，应当承担相应的赔偿责任。"原告甲与被告A和B之间显然属于承揽合同，原告甲对B的损伤应承担赔偿责任，属于在承揽合同中产生的债权，被告实际上占有了原告的货车——动产，故A和B享有留置权。

另一种意见认为，本案被告A和B不享有留置权。理由是，最高人民法院《关于适用〈中华人民共和国担保法〉若干问题的解释》第一百零九条规定："债权人的债权已届清偿期，债权人对动产的占有与其债权的发生有牵连关系，债权人可以留置其所占有的动产。"根据担保物权的法理及司法实践，留置权的成立应当具备以下要件：①留置的标的物为动产。②根据合同约定占有动产，留置权的发生必须基于一定的合同关系，一是债权人必须合法占有债务人的动产，以侵权行为占有债务人动产的，不得成立留置权，二是必须基于合同占有债务人的财产，三是债权人因保管合同、运输合同、加工承揽合同占有债务人动产的，才可以成立留置权。③留置权人须有债权。④债权的发生与留置的动产有牵连关系。⑤债权已届清偿期，债权未届清偿期，债务人到期能否履行债务尚不确定，因此债权人虽然占有债务人的动产也不能取得留置权。本案原告的汽车压伤B，产生的是损害赔偿责任（暂且不论是否应承担赔偿责任），属侵权之债，并非合同之债，而我国留置权规定的是合同之债，只有几类合同可行使留置权；且被告A派B

[①] 案例选自：陈润根. 本案被告是否享有留置权［EB/OL］. 中顾法律网，http：//news.9ask.cn/falvlunwen/xflw/201002/319228.html.

去修理，汽车尚在原告控制之下，被告并未合法占有原告的汽车，故本案不符合留置的要件之②；被告 B 被压伤，原告是否应负赔偿责任，被告是否享有债权都不得而知，更不要说债权已届清偿期，故不符合留置的要件之③和⑤。因此，本案被告不享有留置权，其行为属于非法扣车。

二、思考与练习

如何理解留置权的成立条件？

三、分析与评点

（一）本案适用的法律

《担保法》和《物权法》都规定了留置权，虽然基本含义没有变化，但是《物权法》在吸收《担保法》有关规定的基础上作出了两项极具意义的新规定。其一，留置权的适用范围有变化。根据《担保法》第八十二条的规定，留置权只能适用于"债权人按照合同约定占有债务人的动产"的情形。而根据《物权法》第二百三十条的规定，留置权适用于"已经合法占有的债务人的动产"的情形。显然，留置权的适用范围被大大扩张了。不仅债权人依据合同关系而合法占有的债务人的动产可以被留置，而且债权人基于其他法律关系而合法占有的债务人的动产也可以被留置，如基于无因管理之债而占有的他人的动产，当受益人不偿付管理人由此而支付的必要费用时，管理人也有权留置该动产。其二，增加规定了留置的动产与债权应具有牵连性，同时为适应商业交往的需要而规定了商事留置权。《物权法》第二百三十一条规定："债权人留置的动产，应当与债权属于同一法律关系，但企业之间留置的除外。"所谓"属于同一法律关系"也被称为"有牵连关系"（《担保法解释》第一百零九条）。但是，依据《物权法》第二百三十一条，企业与企业之间的留置不要求动产与债权属于同一法律关系。如前所述，这意味着《物权法》特别承认了所谓的商事留置权。因此，对于留置权的理解，应当根据案件发生的时间选择适用的法律。

但是，对于有的案件而言，可能并不涉及《物权法》的新规定，或者说《物权法》的新规定并不算新。比如，对于因为合同关系而"已经合法占有的债务人的动产"的留置，并不涉及《物权法》的新规定扩大的部分，因此，适用《担保法》和《物权法》没有区别。又如，《物权法》第二百三十一条对于"债权人留置的动产，应当与债权属于同一法律关系"的规定，虽然在《担保法》没有规定，但是最高法院《担保法解释》第一百零九条"债权人对动产的占有与其债权的发生有牵连关系"的规定与该规定实质一致，所以后来《物权法》的新规定并不算新。另外，对于不涉及"企业之间留置"的，也不涉及《物权法》"与债权属于同一法律关系"之例外的新规定。因此，对于两种情况的案件，适用《物权法》和《担保法》没有区别，即：①不涉及《物权法》新规定的案件；②虽然涉及《物权法》新规定，但是《担保法解释》已有规定的案件。

根据《担保法》第八十四条的规定，留置权只适用于因合同发生的债权。本案看起来是基于损害赔偿而产生的留置权问题，似乎留置权对其不适用。但是，这里的损害赔偿不是孤立的，而是以承揽合同（修理服务合同）为前提的，或者说是在合同履行中的损害赔偿。根据《担保法》第八十三条"留置担保的范围包括主债权及利息、违约金、损害赔偿金，留置物保管费用和实现留置权的费用"的规定，《担保法》中的留置权虽然对于单纯的损害赔偿不适用，但是对于因合同而产生的"损害赔偿金"同样能够适用。如此，本案不涉及《物权法》新规定关于留置权扩大适用的债权范围。又因为本案被留置财产（自卸货车）没有涉及"与债权属于同一法律关系"之例外的情形，所以《物权法》关于"企业之间留置"例外的新规定在本案也不涉及。因此，本案不管适用《物权法》，还是适用《担保法》，效果是一致的。

（二）本案被告 A 和 B 享有留置权应当具备的条件

根据《物权法》第二百三十条的规定，留置权是指债权人合法占有债务人的动产，当债务人逾期不履行债务时，债权人享有留置该动产并就该动产优先受偿的权利。

一般地讲，留置权取得需具备缺一不可的四个条件：一是留置人对于财产主人有确定的而不是未定的债权存在。二是留置人（债权人）在留置之前已经合法占有被留置财产（即债务人的动产）。三是除企业之间的留置外，被留置财产与债权存在于同一个法律关系之中。如加工承揽合同关系中的定作方未支付加工费，则制作方享有债权，被留置的定作物与债权存在于同一个加工承揽法律关系。四是债务人逾期不履行债务。对于本案来讲，被告 A 和 B 享有留置权应当具备的条件则是：① A 和 B 对于自卸货车的主人甲有确定的债权存在；② A 和 B 在留置之前已经合法占有甲的自卸货车；③由于本案没有涉及企业之间的留置，被留置自卸货车与 A 和 B 的债权必须存在于同一个法律关系之中。④甲逾期不履行债务。

（三）关于本案被告 A 和 B 是否享有留置权的分析

下面根据前述条件判断 A 和 B 是否享有留置权。

1. 根据第一个条件考察，A 和 B 对于自卸货车的主人甲有确定的债权存在吗？

回答是否定的。从案情知道，A 和 B 家属扣押原告甲的自卸车，是因为"B 在检修汽车的过程中，货车翻斗因故障自动下降压伤其手和腰"，是为了向原告索要赔偿——赔偿因货车翻斗故障自动下降造成 B 手、腰伤害的损失。在 A 和 B 看来，他们对于自卸货车的主人甲有债权存在。但是，这只是 A 和 B 的一厢情愿。这是因为，虽然货车翻斗故障自动下降造成 B 手、腰伤害的损失，但是该损失应当由谁承担是没有确定的。虽然 B 的手、腰伤害是甲的自卸货车造成，但是承担该损失的并不一定就是甲。因为 B 的手、腰伤害是 B 检修汽车的行为造成，而 B 检修汽车的行为是履行合同的行为，B 的履行合同行为有无过错尚未确定。换言之，B 的手、腰伤害是因为 B 在检修汽车过程中自己的过错造成，还是乙的过错造成，还需要进一步分析才能确定，不能贸然肯定就是乙的过错造成。因此，A 和 B 对于自卸货车的主人甲是否具有债权是不确定的。如此，A

和B要享有留置权就缺乏第一个条件。

2. 根据第二个条件考察，A和B在"扣押原告甲的自卸车"之前已经合法占有了"债务人"甲的动产——自卸货车吗？

即使甲作为"债务人"的身份成立，也难作肯定回答。本案中，乙和B分别是甲和A的代理人，实际当事人应当是甲与A。如果B的手、腰伤害损失是乙的过错造成的，那么在甲和A之间存在损害赔偿之债，甲应当是"债务人"而A应当是"债权人"。如此，A对于"债务人"甲的汽车可以留置。但是，甲的汽车很难说被B（A的代理人）已经占有。B进行汽车检修的地点不是在自己的修配厂，而是在一个临时场所——汽配店；不是先占有而后检修，而是现场立即检修。B在这个临时场所的现场检修中，虽然对于汽车在一定程度上有所控制，但是主要工作是完成乙委托的现场检修行为，而不是实施汽车控制行为。此时对于汽车的控制者主要是乙而不是B，因为相比较而言，乙对于汽车的控制力更大。因此，此时的汽车与其说是B占有，不如说是乙占有更加符合情理。如此说来，至少可以认为，如果把B在检修中对于汽车在一定程度上的控制视为对于汽车的占有，未免过于牵强。如此，A和B很难说具备了留置权的第二个条件。

3. 根据第三个条件考察

由于本案没有涉及企业之间的留置，可以直接考察本案中的留置与"被留置财产与债权存在于同一个法律关系之中"之条件是否符合。由于本案是以B身体受到损害为由主张留置权，它要求A和B的受偿债权与被留置的自卸货车存在于同一个承揽合同法律关系之中。这里仍然假定甲作为"债务人"的身份成立，就是说，假定B受伤确实是甲或乙的过错所致，甲对B伤应当赔偿。由于该损害赔偿之债发生在承揽合同（修理服务合同）法律关系之中，那就意味着，留置的甲的货车与A和B的债权就存在于同一个法律关系——承揽合同法律关系之中，从而可以认为具备留置权的第三个条件。但是，因为"B受伤确实是甲的过错所致而甲应当赔偿"还没有被证实，留置权的第三个条件实际上不具备。

4. 根据第四个条件考察

债务人逾期不履行债务，这是留置权成立的重要条件。从前面对于第一个条件的考察已经知道，在本案中，甲因为B受伤而对于A和B是否具有债务不得而知，更不用说有"债务人逾期不履行债务"的问题了。既然如此，本案中留置权的第四个条件也不具备。

（四）对本案两种观点的简要评论

可能是因为在本案处理时《物权法》尚未颁布，前面两种观点只是以《担保法》和最高人民法院《关于适用〈中华人民共和国担保法〉若干问题的解释》为法律依据，但是这不必然导致分析错误。因为本案不管适用《物权法》，还是适用《担保法》，效果都是一致的。

但是前面两种观点确实有值得注意的地方。

第一种意见的逻辑是，因为"原告甲对 B 的损伤应承担赔偿责任"，所以"被告 A 和 B 享有留置权"。这里，不管"原告甲对 B 的损伤应承担赔偿责任"的结论是否正确，其"被告 A 和 B 享有留置权"的结论在逻辑上都是错误的。留置权的前提条件是留置人对于财产主人有确定的而不是未定的债权，就是说，它以"实然"的而不是"应然"的债权为条件。如此，即使"原告甲对 B 的损伤应承担赔偿责任"的结论正确，也不能得出"被告 A 和 B 享有留置权"的结论。这是因为，即使"甲对 B 的损伤应承担赔偿责任"成立，这对于 A 和 B 来说，那也是"尚待确定"的、"应然"的债权而不是"已经确定"的"实然"的债权，更谈不到是因"债务人逾期不履行债务"状态下的债权。所以，"原告甲对 B 的损伤应承担赔偿责任"与"被告 A 和 B 享有留置权"是一个错误的逻辑。

第二种意见的结论可取，分析也比较到位，但是个别理由不够准确，容易导致误解。例如，"本案原告的汽车压伤 B，产生的是损害赔偿责任（暂且不论是否应承担赔偿责任），属侵权之债，并非合同之债，而我国留置权规定的是合同之债，只有几类合同可行使留置权"之说。根据《担保法》第八十四条的规定，留置权的确只适用于因合同发生的债权，但是对于损害赔偿之债并不是完全排斥。根据《担保法》第八十三条"留置担保的范围包括主债权及利息、违约金、损害赔偿金，留置物保管费用和实现留置权的费用"的规定，《担保法》中的留置权只是对于单纯的损害赔偿不适用，对于因合同而产生（或者说是在合同履行中产生）的"损害赔偿金"同样能够适用。前面已经说到，本案看起来是基于损害赔偿而产生的留置权问题，似乎留置权对其不适用。但是，这里的损害赔偿不是孤立的，而是以承揽合同（修理服务合同）为前提的，或者说是在合同履行中的损害赔偿。根据《担保法》第八十三条的规定，如果甲对 B 的损伤的确应承担赔偿责任，而且此赔偿责任已经确定，加上甲逾期不履行债务，那么 A 和 B 对于甲车是可以享有留置权的。

由于第二种意见是否定 A 的留置权，只要有一个重要的否定性理由成立，整个否定性结论就可以成立。但是，整个否定性结论成立，不等于所有否定性理由都成立，这是学习中需要注意的。

（五）结论

综上所述，A 和 B 对于甲车不享有留置权，其扣车行为不合法。本案实际处理结果是：法院驳回原告的诉讼请求，其损失应当另行起诉。

第六章 知识产权法原理

【案例一】"中华女子十二乐坊"著作权问题

一、案情简介[①]

"女子十二乐坊"是一种将中国传统乐器古筝、扬琴、琵琶、二胡、竹笛、箫等组合而演奏现代流行音乐的一个表演团队。该表演团队深受市场认可。然而，原告张铁军于2004年7月却将"女子十二乐坊"所在的经纪公司及经纪人——北京世纪星碟文化传播有限公司和王晓京诉至法院，称"女子十二乐坊"侵犯了其著作权。

原告称，他于1998年形成了《中华女子乐坊创意策划文案》（以下简称《策划文案》）和《北京中华女子乐坊文化发展有限公司整合报告》（以下简称《整合报告》）两份文稿。1999年初，被告王晓京主动与其接触并骗取了《策划文案》及《整合报告》，王晓京在对其中的片断经过选择或者编排、对文字顺序加以前后调整、对个别表达加以扩展解释或缩写后，形成了《"女子十二乐坊"项目实施计划》（以下简称《实施计划》）。王晓京及世纪星碟公司未经张铁军许可，对张铁军享有著作权的《整合报告》进行改编和汇编，且没有署名，侵犯了其对《整合报告》享有的署名权、改编权和汇编权。原告请求法院判令王晓京和世纪星碟公司停止侵权行为，并在有关刊物上向其公开赔礼道歉，赔偿其经济损失43万余元。

被告辩称：张铁军不能证明其是《整合报告》的著作权人，也不能证明涉案的《实施计划》剽窃了《整合报告》。

一审法院经审理后认为，《整合报告》一文符合作品的构成要件，应受著作权法保护。被告没有就原告系该文的著作权人提供相反证据，因此可以认定原告对该文享有著

[①] 案情介绍系笔者根据相关资料编写。

作权。但被告的《实施计划》和原告的《整合报告》的内容完全不同,二者的篇章结构和具体的表达形式也不相同。虽然二者中都出现了"女子"和"乐坊"等字样,但"女子"是通用词语,而"乐坊"二字也并非张铁军独创,故《实施计划》并非改编自《整合报告》。故法院驳回了原告的诉讼请求。

原告不服,遂上诉。北京市第二中级人民法院作出二审判决:驳回上诉,维持原判。

二、思考与练习

1. 著作权保护的核心在于什么?
2. "女子十二乐坊"是不是作品?

三、分析与评点

本案的焦点在于被告的《实施计划》是否构成对原告《整合报告》的侵权。从双方所提交的证据来看,被告确实是在与原告的作品有所接触之后作出的《实施计划》。该《实施计划》也是对原告《整合报告》内容的一种具体体现。但是原告却以败诉告终。著作权法保护之目的具有双重性:一是充分保护作者之权益;二是在于维护公共利益,促进社会进步以及完善社会福利。

著作权的产生在于作者创造性的劳动性质,其保护的对象是劳动成果。作者通过创造性劳动获得了成果,按洛克的劳动理论来讲,作者是其劳动成果的天然所有人。但是包括著作权在内的整个知识产权,都具有维护社会公共利益之目的,这主要体现在以下几个方面:一是增进知识和学习公共利益目标的基本内涵;二是促进作品传播在实现增进知识和学习公共利益目标中的作用,以及实现增进知识和学习公共利益目标的作品商业化机制。此外,还有保留公共领域的政策目标。著作权法的公共领域是一个涉及著作权保护范围的问题,不是所有的部分都受著作权保护,如单纯的思想、单词、数字就不是著作权保护的对象。[①] 例如我国法律规定:著作权人行使著作权,不得违反宪法和法律,不得损害公共利益。《著作权法》不保护:"法律、法规,国家机关的决议、决定、命令和其他具有立法、行政、司法性质的文件,及其官方正式译文;时事新闻;历法、通用数表、通用表格和公式。"

《著作权法》第三条规定:"本法所称的作品,包括以下列形式创作的文学、艺术和自然科学、社会科学、工程技术等作品:(一)文字作品;(二)口述作品;(三)音乐、戏剧、曲艺、舞蹈、杂技艺术作品;(四)美术、建筑作品;(五)摄影作品;(六)电影作品和以类似摄制电影的方法创作的作品;(七)工程设计图、产品设计图、地图、示意图等图形作品和模型作品;(八)计算机软件;(九)法律、行政法规规定的

---

① 参见:冯晓青. 知识产权利益平衡理论 [M]. 北京:中国政法大学出版社,2006:98-101.

其他作品。"第四条规定:"依法禁止出版、传播的作品,不受本法保护。"从这里面我们可以看到,著作权所保护的是具有具体形式的劳动成果,单纯的思想是不受著作权保护的,这是因为:法律不能限制人的思想,思想本身不能由法律来控制,法律也没有能力去控制人的思想,更不能将某种思想由某些人独占,所以著作权不保护单纯的思想。但是基于思想所产生出的具体表现形式著作权则可以加以保护。在本案中,原告本来就《策划文案》及《整合报告》一起提出起诉,但由于一审法院认为原告张铁军只是《策划文案》合作作者之一,其不能单独主张著作权,进行了分案处理,所以张铁军只能就《整合报告》主张权利。并且,原告张铁军认为《整合报告》是文字作品。一审法院却认为,著作权不延及思想,只延及思想的表达,所以将《实施计划》和《整合报告》的结构、内容表达方式进行比较,认为二者在篇章结构的编排、选择及文字的表达方面不相同,因此从文字作品的角度看,原被告双方之作品相去甚远,两者相似之处仅仅在于文字里面所蕴含的思想内容,而单纯的思想著作权法是不予保护的。

实际上,"女子十二乐坊"仅是张铁军准备成立的乐队的名称,其不具备艺术作品的表现形式与内容,不是作品,其《整合报告》仅仅是一种表演形式的创意思路,并没有具体的实施方案或最终的表现形式。著作权法要保护的是由被告王晓京及其星碟公司所最终创造出来的身着轻纱的曼妙女子奏乐的具体表演。而原告的《整合报告》仅是一种合奏的思路、一种创意,不是最终的具体表现形式,所以原告所称的"女子十二乐坊"并不是著作权法所保护的对象。

原告的《整合报告》本身是享有著作权的,只是这种著作权是一种文字作品的著作权,被告的《实施计划》从形式上看与原告的作品相差很大,因此不存在侵犯原告文字作品权利之说。如果要说剽窃,被告是对原告思想的一种剽窃,而单纯的思想是不受保护的。

著作权保护的核心是带有一定思想的形式,落脚点在于形式上面,单纯的思想是没有的,内容总要通过形式表现出来,而著作权更侧重于对形式的保护。

【案例二】"火边子"牛肉与商标纠纷

一、案情简介[①]

千年盐都自贡,人杰地灵,早在西汉时代,勤劳的自贡人民就打下了世界上第一口超过千米深的盐井。打井主要依靠绞盘,拉动绞盘的动力主要是牛。大量的牛天天都在锻炼身体,身体倍儿棒,练下了一身的腱子肌肉。但由于过量的劳动,很多牛在青壮年

[①] 案情系笔者根据有关材料编写。

时就过劳死了。对这些死去的牛,自贡人民发明了一种吃法:将牛肉片成薄片,贴到簸箕上面,放到用牛粪烧的火堆边上烤制,并不时刷上秘制调料,前后18道工序,耗时三月以上,始成人间美味。因其在火边上烤制而成,故称"火边子"。这种独特的工艺为自贡地区所独有,自贡人民做了上千年、叫了上千年,而其他地方未曾有。时值公元20世纪末,自贡人发现自己销往全国各地的"火边子"在很多地方被控侵权,遂细查,发现有一机敏的内江隆昌人氏竟然在1997年将自贡市人民的"市粹"——火边子,注册成了商标。

为应对危机,在当时自贡最大的国有食品公司——自贡市天花井食品有限公司的倡导下,生产火边子牛肉的企业齐聚王爷庙,共议"火边子"大计。在此之前,自贡市政府等有关部门,邀国家工商行政管理局商标局负责人、内江有关部门出面协调,与获得注册商标的隆昌人氏谈判,认为"自贡人民使用了上千年,你这样恶意注册是不厚道的"。而该隆昌人氏认为:"应该依法办事,行政权力不能随便干预。虽然自贡人使用了很长时间,但是他们自己不去注册商标,没有法律意识,自贡人应该为自己的法律意识淡薄埋单。如果实在想买回这个商标,500万元可以给你们。"自贡人认为:"我们使用了上千年的东西,有谁能硬生生地认为是他自己的呢?如果要价不高,我们可以不计较,出2万块钱买回也行。"但该隆昌人氏坚持依法办事,价钱不能少。相关部门无法协调,遂作罢。

后经自贡企业界努力,多次协商,最终达成协议,自贡人以十余万元的价格将"火边子"商标买回,由天花井食品有限公司使用。

二、思考与练习

1. 获得商标权的关键在哪里?
2. 我国的商标权授予的方式是什么?
3. 商标权如何转让?

三、分析与评点

商标所保护的对象是识别性标记,其目的在于将一种产品或服务与另一种产品分离开来。因此,显著性是这种权利的特殊性之所在。要获得商标权,商标本身需具有显著性,这种显著性可以生而有之,即先天的显著性,例如"Sony"这个单词在其出现之初,世间未尝有也,乃该公司创始人所杜撰,因此自其产生之初便具有了显著性。而有的商标,其产生之初或者不具有显著性,但经过长期反复使用之后具有了显著性,同样可以获得商标权,这正所谓"有生于无,无中生有"。不具有显著性的东西,经过长期反复使用能使社会公众将其与其他商品相分离开来,那么它就可以获得权利,得到法律的保护。例如"老干妈""小肥羊"商标。这两个商标在使用之初欲注册商标,但因不具有显著性而未能获得商标注册,但因长期反复使用,社会公众能将这两种商标与其他商标区别开来，以至于后来有人假冒他们尚未注册的商标的时候，通过诉讼，法院确认了这两种商标为驰名商标。

何以显著性是商标权的核心所在？这是因为商标是商品的标示，是一种商品与其他商品相区别之所在，因此这种标示必须显著，标示本身就能与其他公共领域的东西区别开；否则法律没有对其加以特殊保护的理由，因为是社会大众皆有的东西，那么凭什么由某人独占该标识？《中华人民共和国商标法》（以下简称《商标法》）第八条规定：任何能够将自然人、法人或者其他组织的商品与他人的商品区别开的可视性标志，包括文字、图形、字母、数字、三维标志和颜色组合，以及上述要素的组合，均可以作为商标申请注册。

商标的取得有使用在先和注册在先两种方式，目前世界上绝大多数国家都是采用注册在先原则，我国也是如此。因此，谁先对商标进行注册，谁就享有商标权利。这种方式有利于举证。但正是因为这种注册在先的制度，使得恶意注册非常普遍。为此，《商标法》第九条规定，申请注册的商标，应当有显著特征，便于识别，并不得与他人在先取得的合法权利相冲突。

就本案而言，"火边子"牛肉在自贡市虽有上千年的历史，但这最多称得上是一种非物质文化遗产（还需申请，况且这种所谓的遗产还没有具体的权利与义务关系，更谈不上是真正有法律约束力的权利或财产），除此之外谈不上其他什么权利。因此千年"火边子"一旦被他人注册，虽有政府强力介入，但仍然无改"火边子"的命运，隆昌人氏坚持"要依法办事"，就使得自贡企业无计可施。最终，在隆昌人氏"同意"后，"火边子"之归宿方可以转移。

【案例三】"火边子"牛肉与商标纠纷（续）

一、案情简介[①]

话说当年自贡生产火边子牛肉的企业在天花井食品有限公司的带领下，将"火边子"商标夺了回来。该商标最终由天花井食品有限公司获得。为了答谢自贡市的其他企业在这次纠纷中的鼎力相助，该公司允许自贡市生产这种牛肉的其他企业免费使用"火边子"商标。曾某注册了一家公司，叫做"自贡市刀刀爽食品有限公司"。该公司经营者凭借其过人的智慧和灵活的经营机制，在市场经济中频频得手，该公司一举成了生产火边子牛肉的老大。而天花井食品有限公司因其僵化的经营方式，在与刀刀爽公司的争

---

① 案情系笔者根据有关材料编写。

夺中逐渐失去了市场份额，几近死亡。

按说曾某望着自己一手创立起来的"火边子"王国应该感到高兴和满足，但是他怎么也高兴不起来。在他的心中有一个沉重的心病：自己的基业是建立在"火边子"这三个字上的，而这三个字是属于天花井食品有限公司的，现在天花井食品有限公司是免费允许他人使用，万一哪天不免费了，甚至不允许他人使用了，刀刀爽的出路在哪里？于是，曾某遂委托律师，向国家食品管理监督局申请将"火边子"作为该种食品的通用商品名。此举一出，自贡人民大哗。自贡市政府出面协调，称火边子乃自贡文化精粹，倘为通用商品名，则对自贡人民伤害太大，故要求不要将"火边子"确定为通用商品名。此案目前仍在审理之中。

二、思考与练习

1. 通用商品名与商标之间有何关系？在本案中，如果"火边子"成了通用商品名会带来什么后果？

2. 如何理解商标淡化？

三、分析与评点

一个商标经过长期反复使用，有可能成为驰名商标、知名商标。但是这种商标如果太过驰名，被人长期反复使用，并逐渐取代了商品名称，以至于人们在称呼这种商品的时候直接使用该商标，或者该商标直接被相关的行政主管部门确定为通用商品名，那么大家就都可以使用该商标了。

商标淡化，是指减少、削弱驰名商标或其他具有相当知名度的商标的识别性和显著性，损害、玷污其商誉的行为。作为削弱、冲淡商标的显著性和识别性的一种侵犯商标权的行为，商标淡化的直接危害后果是对驰名商标和其他具有一定知名度的商标的显著性和识别性的损害，从而最终损害商标所体现的商誉。因此，商标淡化直接的侵害对象是商标，间接的侵害对象是商誉。[①] 商标是商品的名称，通用商品名是商品的称谓。

如果用通用商品名取代商标，那是对商标的侵犯。在重庆海浪实业（集团）有限公司诉自贡市乳业总公司商标侵权纠纷案中，重庆海浪实业（集团）有限公司以自贡市某公司使用了其生产的生物活性乳制品的注册商标"双叉"作为商品名称等为由请求法院判令其停止侵权并赔偿损失30万元。然而，此案中不可忽略的事实是，重庆海浪实业（集团）有限公司为该商品的首创人，其在该商品的装潢上、说明书中均将该商标作为该商品的名称使用。成都的"力克舒"也为此吃了大苦头。据说"力克舒"花费的广告费超过1个亿，就其知名度"力克舒"被评为驰名商标是确定无疑的事情，但是"力克舒"本来是个商标的名字，该公司却将它和"杨天"商标一起使用，以至于消费者误认

---

① 刘晓军. 商标淡化的侵害对象研究 [J]. 知识产权，2002（1）.

为"杨天"是注册商标而"力克舒"是商品的名字。最后"力克舒"商标被国家药监局确定为通用商品名。如此一来，大家都可以使用这个商标了。企业因此每年销售数量锐减。类似的例子很多："白加黑""洁尔阴""妇炎洁""脑白金"，等等。

艾格福（天津）有限公司是"敌杀死"商标的合法使用人，而四川省威远县生物化工厂擅自印制"敌杀死"标签，生产"敌杀死"农药在市场上销售。艾格福（天津）有限公司请求法院判令被告停止侵权，并赔偿损失750万元人民币。而被告称，在中国化工行业标准中，溴氧菊酯的商标名称记载为"敌杀死"，农业部《新编农药手册》也将"溴氧菊脂"确认为中文通用名，其他名称为"敌杀死"。被告进而声称"敌杀死"已实际成为了农药的通用名称，其显著性淡化，故被告以产品名称方式使用，不构成对注册商标的侵害。

在本案中，如果"火边子"成为了通用商品名，那么只要生产这种食品的主体都可以使用"火边子"三个字，哪怕"火边子"成了驰名商标。这样一来，刀刀爽食品有限公司就可以不经天花井食品有限公司的同意，径直使用了。这是一招釜底抽薪的计谋，但是这样会伤害自贡人民的感情。

【案例四】 公知技术与专利侵权的认定

一、案情简介①

一审法院审理查明，国家知识产权局于2004年授予朱青东"回转式自动平板复合机"专利权。该发明专利的权利要求共有6项，其中权利要求1为独立权利要求。浙江永华公司制造、销售给了四川某印刷公司3台HZK-1000型回转式半自动裱卡机，涉嫌侵权。2005年4月2日，印刷公司与四川兴楠厂签订了产品购销合同，由永华公司卖给兴楠厂3台HZK-1000型回转式半自动裱卡机。朱青东系青东制品厂的负责人。朱青东遂将两公司诉至法院。

2005年4月至10月，法院对查封的印刷公司和兴楠厂的涉诉侵权产品的技术与专利权技术进行现场对比勘验并作现场勘验笔录及调查笔录，拍摄了照片。其对比结果显示涉诉侵权产品技术特征a-m与朱青东专利技术产品的特征A-M相同。

2005年11月1日，一审法院对放置于浙江省瑞安市苍南县龙港镇广南路4号处的涉诉公知技术产品"ZHPF-1000/1100A型回转式自动平板复合机"的技术与涉诉侵权产

---

① 中国法院网：http://ipr.chinacourt.org/public/detail__sfws.php?id=13182。参见四川成都市中级人民法院（2005）成民初字第389号民事判决书、四川省高级人民法院（2007）川民终字第252号民事判决书。

品技术、专利技术进行了现场对比勘验并作了现场勘验笔录及调查笔录，拍摄了照片。

一审法院审理认为，根据《中华人民共和国专利法》第五十六条的规定，"发明专利权的保护范围以其权利要求的内容为准，说明书及附图可以用于解释权利要求"。根据《中华人民共和国专利法实施细则》第二十一条的规定，"独立权利要求应当从整体上反映该发明的技术方案，记载解决技术问题的必要技术特征。从属权利要求只是以附加技术特征的方式对所引用的权利要求作进一步限定"。因此，对于专利保护范围的确定一般以涉及最大保护范围的独立权利要求内容为依据。朱青东的发明专利的权利要求共有6项。根据专利说明书的记载，已有技术中的平板复合机结构较为复杂繁琐。主要采用墙板安装在机架上，送纸装置、网纹上胶装置与墙板连接，洗胶装置安装在送纸辊下方，触准式自动校正装置中辊筒与墙板连接，输送装置、复合装置均与墙板连接。其虽具有送纸、上胶、洗胶、自动校正、复合成形于一体的功能，但还存在不足，朱青东发明的目的是为克服这些不足而提供一种送纸、上胶、咬牙定位弧形复合，出纸与上胶一体，黏结力强，用胶少，能耗低，生产成本低，效率高，性能稳定的回转式自动平板复合机。权利要求1记载的即为实现其发明目的的回转式自动平板复合机技术方案。该专利的申请日为2000年9月18日，于2001年2月21日以公开号为CN1284430A的发明专利申请公开说明书公布。经与其公开说明书对比，上述权利要求1记载的内容与公开说明书的权利要求1完全相同。上述专利权要求1记载的回转式自动平板复合机的技术特征可归纳为A—M。永华公司提出其生产的被控侵权产品结构与朱青东专利上述权利要求内容等同，但与朱青东在其专利申请日前已被公开销售、使用了的同类产品的结构相同，提出以公知技术抗辩不侵权主张，出示了由苍南公证处分别于2005年6月30日和同年10月14日对其所主张的公知技术的实物进行的证据保全的公证书、公证书所附的该实物照片，并播放了公证书所附的对所公证实物的现场录像光盘。

永华公司被控侵权的产品是具有与朱青东专利产品相同用途的同类产品，并以相同方式具有和覆盖了朱青东专利权利要求1的上述全部结构特征。永华公司经该院组织现场勘验后，法院当庭陈述被控侵权产品的技术与朱青东的专利权技术相同。针对永华公司提出的公知技术抗辩主张，该院组织双方当事人进行现场勘验，现场技术特征的对比结果为勘验实物的结构a—m与专利权权利要求1技术特征A—M相同。该勘验实物是具有与朱青东专利产品相同用途的产品，其结构中以完全相同的方式展现了在朱青东专利权权利要求1中记载的全部技术特征。

一审法院驳回朱青东的诉讼请求。宣判后，朱青东不服，向四川省高级法院提起上诉。二审法院驳回上诉，维持原判。

二、思考与练习

1. 授予专利权的条件有哪些？
2. 什么是公知技术？

3. 侵犯专利权的基本原则有哪些？

三、分析与评点

授予专利权的发明创造应当具备的条件包括形式条件和实质性条件两个方面。

形式条件是指要求授予专利权的发明创造，应当以《中华人民共和国专利法》（以下简称《专利法》）及其实施细则规定的格式，书面记载在专利申请文件上，并依照法定程序履行各种必要的手续。文件或者手续如果不符合要求，应当在法律规定或者专利局指定的期限内补正，经过补正后仍然不符合要求的，专利局将予以驳回。

按照我国《专利法》第二十二条的规定，实质条件是指："授予专利权的发明和实用新型，应当具备新颖性、创造性和实用性。新颖性，是指该发明或者实用新型不属于现有技术；也没有任何单位或者个人就同样的发明或者实用新型在申请日以前向国务院专利行政部门提出过申请，并记载在申请日以后公布的专利申请文件或者公告的专利文件中。创造性，是指与现有技术相比，该发明具有突出的实质性特点和显著的进步，该实用新型具有实质性特点和进步。实用性，是指该发明或者实用新型能够制造或者使用，并且能够产生积极效果。本法所称现有技术，是指申请日以前在国内外为公众所知的技术。"此外，第二十三条规定："授予专利权的外观设计，应当不属于现有设计；也没有任何单位或者个人就同样的外观设计在申请日以前向国务院专利行政部门提出过申请，并记载在申请日以后公告的专利文件中。授予专利权的外观设计与现有设计或者现有设计特征的组合相比，应当具有明显区别。授予专利权的外观设计不得与他人在申请日以前已经取得的合法权利相冲突。本法所称现有设计，是指申请日以前在国内外为公众所知的设计。"第二十四条规定："申请专利的发明创造在申请日以前六个月内，有下列情形之一的，不丧失新颖性：（一）在中国政府主办或者承认的国际展览会上首次展出的；（二）在规定的学术会议或者技术会议上首次发表的；（三）他人未经申请人同意而泄露其内容的。"

专利权的核心就在于新颖、创造、和实用。之所以如此定义，是因为既然要借助于国家力量对创造者的劳动成果给予保护，那么发明创造者的劳动成果一定要是有创造性的、是新颖的东西，否则一般大众尽皆可取的社会公知知识，则无国家以专门力量予以保护之必要。倘对不具备三性之发明创造予以保护，除擅动国家公力造成不经济之外，对整个社会大众也非常不公。对于发明创造者予以一定期限的垄断性权利，这是对发明者的奖励和刺激，但是专利制度的根本目的在于促进社会进步。发明与革新是专利权制度的根本目的所在。因此，如果一项发明创造不具备这三性，就没有赋予其专有权利的基础。

所谓公知技术，简而言之，就是社会公众都知晓的技术。在本案中，一审法院认为，专利法意义的公知技术，无论是公众可以不受限制使用的公知技术，还是受有效专利保护的公知技术，均是指在涉案专利申请日以前在国内外出版物上公开发表、在国内公开使用或者以其他方式为公众所知的技术。判断公知技术抗辩是否成立，需先将被控侵权物与单独一份公知技术进行对比。被控侵权物的技术特征与一份公知技术相同的，或者虽不完全相同，但属于一份公知技术与所属技术领域技术人员的常识或者熟知技术的简单组合的，不论被控侵权物的技术特征与权利要求与记载的技术特征是否相同或者等同，永华公司提出的公知技术抗辩不侵权主张均成立，应当得到支持。由于永华公司的不侵权主张成立，故该院对朱青东关于印刷公司、兴楠厂应承担侵权责任以及承担赔偿损失的民事责任的主张不予支持，对朱青东所举的证明赔偿金额的证据材料亦不予审查认定。

就判断侵犯专利权的原则来看，主要有覆盖原则、等同原则、禁止反言原则。

覆盖原则是指如果被控侵权产品包含了专利权利要求中记载的全部必要技术特征，则落入专利权的保护范围。这种被控侵权产品不论是依据什么方法获得的，哪怕是有专利权的产品，只要所获得的专利权后于先前的专利权，依据后获得的专利权制造的产品落入了在先专利权的权利要求书的必要技术特征，则视为侵权。禁止反言原则，是指在专利申请、审查、无效过程中，与国家知识产权局专利局和专利复审委员会之间的往来文件中所作的承诺、放弃、认可的内容，专利申请人或专利权人在侵权纠纷中不得反悔，主要是指专利权人在权利要求书中所做的承诺必须遵守，不得在自己放弃权利领域追究他人的侵权责任。等同原则是指即使某一方侵权产品或方法并没有正好落入某专利的权利要求的字面范围内，但却等同于权利要求所保护的发明时，等同原则允许法庭判决该方侵犯他人专利。

在本案中，由于朱青东自己曾经制造过产品，这些产品面世之后就成了公知技术，所以即使自己有专利权，但他人制造的产品是依据朱青东以前的技术生产的，故不构成侵权。在这里不涉及判断专利侵权原则的运用。

第七章 债权法基本原理

【案例一】 不当得利与违约责任

一、案情简介[①]

原告肖名逵、肖信塘与被告肖辅琦系朋友关系。2008年3月，被告肖辅琦多次与两原告说其一个朋友可以办理汽车驾驶证，办证者本人不用去考试即可拿到证件，两原告得知后即与其朋友联系办证。2008年3月—2008年8月，两原告先后交给被告办证款123 800元，要求被告为其办理驾驶证。同年8月20日，两原告在网上查询得知办证之事根本不存在，遂要求被告退还全部办证款，因被告已将该款交予第三人肖建平和梁崇忠，其已无钱退还，两原告遂诉至法院，请求依法处理。

对于本案案由如何确定存在两种意见：一种意见认为本案被告无法定依据而获得利益，所得款项应认定为不当得利，案由应为不当得利纠纷；另一种意见认为两原告系委托被告办理驾驶证，双方是委托合同关系，本案案由应为委托合同纠纷。

二、思考与练习

1. 如何区分不当得利与违约责任？
2. 本案应如何处理？

三、分析与评点

（一）不当得利与违约责任的区别

不当得利是指没有合法根据取得利益而使他人受到损害的事实。通常有两种类型：

[①] 案例来源：熊红卫. 本案是违约还是不当得利？[EB/OL]. [2010-05-10]. http://www.civillaw.com.cn/article/default.asp? id=42233.

一种是给付不当得利，指受益人受领他人基于给付行为而移转的财产或利益，因欠缺给付目的而发生的不当得利。因欠缺给付目的既可以是自始欠缺给付目的，也可以是给付目的嗣后不存在，还可以是给付目的不达。而将给付不当得利分为自始欠缺给付目的的不当得利，给付目的嗣后不存在的不当得利，给付的目的不达的不当得利。另一种是非给付不当得利，指基于给付以外的事由而发生的不当得利，包括人的行为、自然事件以及法律规定。因人的行为而发生的不当得利又可分为：①基于受益者的行为而发生的不当得利。主要指侵害他人权益而发生的不当得利，受益者的行为可以是事实行为，也可以是法律行为。②基于受损者行为而发生的不当得利，以受损人为他人之物支出费用最为典型，如误将他人的家畜为自己的家畜饲养，误以他人事务为自己的事务而管理。③基于第三人行为发生的不当得利，包括债务人对债权的准占有人（债权凭证持有人）清偿而致真正的债权人受到损失、债权的让与人在让与通知前债务人对让与人清偿而致债权的受让人有损害等。《民法通则》第九十二条规定："没有合法根据，取得不当利益造成他人损失的，应当将取得的不当利益返还受损失的人。"不当得利之受损害的权利人与得利人之间因此产生返还请求权和返还其所受之不当利益的义务。违约责任是指当事人基于对合同义务的违反而承担的责任。通常情况下违约的构成，须以有效的合同关系存在，且当事人不履行合同或履行合同不符合约定无免责事由为条件。

由此可见，不当得利与违约责任虽都在当事人之间产生请求权关系即债的关系，但是两者的区别是十分明显的，这主要表现在：不当得利乃基于无合法原因而获得利益并致他人受到损害，而违约责任是因违反合同义务而发生的；不当得利返还请求权的标的为受有利益的一方所取得的不当利益，受益人返还的不当利益，可以是原物、原物所生的孳息、原物的价金、使用原物所取得的利益，也可以是其他利益，而违约责任的范围则是因违约而造成当事人所受到的全部损害，既包括直接的财产损害，也包括当事人的预期收益。

（二）本案构成不当得利或违约，该如何处理？

本案原告、被告虽然口头约定由被告为原告办理驾驶证，双方形成委托合同关系，但取得驾驶证必须依法履行特定的程序（如考试）后，才能取得合法驾驶证。因此，原告的委托事项违反相关法律规定，该委托合同应属无效合同。基于此，被告因该合同取得财产的依据也因此归于消灭，于是被告因此取得的财产不具有正当权源，即构成不当得利。

被告所得既为不当得利，就应依法予以返还。因此，本案应支持原告的诉讼请求，即判令被告退还全部办证款。至于被告已将该款交予第三人肖建平和梁崇忠，则应由被告自行向第三人追偿。

【案例二】债权转让协议的法律适用

一、案情简介[①]

原告江苏省淮安市惠达饲料有限责任公司（以下简称惠达公司）与被告钟其辉于 2007 年 1 月 1 日订立"经销饲料协议"一份，约定由钟其辉在宜兴市范围内销售惠达公司生产的"鲜正牌"鱼饲料。该合同对双方的权利与义务作了约定。同年 6 月 11 日，惠达公司董事长杨明向钟其辉收取货款 12 万元并打了收条。同年 8 月 6 日钟其辉在 2007 年 3 月 1 日至 8 月 6 日期间双方鱼饲料往来的对账单上签名确认欠款金额 896 264 元；同年 10 月 18 日，钟其辉又在 8 月 7 日至 10 月 18 日期间的对账单上签名确认欠款金额 1 745 000 元。

因钟其辉将鱼饲料销售给当地各村数十家个体养殖户，惠达公司担心钟其辉收款后挪作他用，又与钟其辉于 2008 年 3 月 2 日签署"说明"一份，约定：惠达公司与钟其辉结账，截止到 2008 年 3 月 2 日，钟其辉所提供的付款依据和报销的明细之后尚欠公司总货款 120 万元，此款是宜兴用户所欠，现转移至公司账上，惠达公司认可，归惠达公司结算；钟其辉全力配合律师、公司领导打官司，钟其辉无权提取现金，胜败与钟其辉无关，诉讼费用等由公司承担，钟其辉不承担任何经济责任；钟其辉必须提供用户欠款名单、凭证明细；如公司发现以前领款依据，在总款 120 万元中可以扣除。

法院审理后查明，2008 年 4 月至 2008 年 12 月期间，钟其辉自行向个体养殖户薛华良等 6 人提起诉讼，通过庭外和解、调解、判决的结果共计主张债权 655 945 元。2008 年 12 月惠达公司出具给钟其辉"收条"一张，载明：今收到钟其辉 2008 年饲料款 94 500 元，其中代扣律师代理费 44 500 元，实收钟其辉 2008 年现金 50 000 元。2008 年饲料货款全部结清，特此证明。

2009 年 1 月 4 日，惠达公司以钟其辉自行打官司的行为与本公司无关为由诉至法院，要求钟其辉立即给付 2007 年度的货款 1 200 000 元及自 2008 年 3 月 2 日起至判决履行之日止的利息、返还垫付的律师费 44 500 元、承担本案诉讼费用。

江苏省宜兴市人民法院审理后，判决除驳回惠达公司请求返还已付的律师代理费 44 500 元外，其他诉讼请求均得到了法院的支持。钟其辉以自己向 6 名个体养殖户提起诉讼的行为合法为由提起上诉请求改判，但在二审开庭前又自行撤诉。一审判决现已生效。

[①] 案例来源：田浩，朱叶君. 债权转让需三思而后行 [N]. 人民法院报，2009-12-03 (8).

二、思考与练习

1. 债权转让合同对债权受让人、债权让与人、债务人有何约束力？
2. 本案双方所签署的"说明"的性质、效力如何认定？

三、分析与评点

（一）债权转让协议及其效力问题

债的转让是指当事人将其所享有的债权债务全部或部分地转让给第三人的行为。根据所转让的标的是债权、债务抑或债权债务之总体，可将其分为债权转让、债务转让、债权债务的概括转让。债权转让是指存在债权债务关系的相对人之间，享有债权的权利人将权利的一部分或全部出让给债权债务关系之外的第三人，第三人接受债权权利，债务人向接受权利的新债权人履行债的义务的行为的总称。

对于债权债务的转让，我国《民法通则》第九十一条规定："合同一方将合同的权利、义务全部或者部分转让给第三人的，应当取得合同另一方的同意，并不得牟利。"《合同法》第七十九条至第八十九条及该法的司法解释（一）第二十七条至第二十九条对债权转让和债务转让作了比较明确的区分，并规定了债权的转让只要通知债务人即发生法律效力，债务人必须向受让人履行债务，而债务的转让则须以债务人同意为有效要件。根据新法优于旧法的原则，法院应当根据《合同法》的规定进行法律的适用。

债权的转让须在转让人和受让人之间订立转让合同，债权转让协议须通知债务人才后发生效力。在债权全部转让的情形下，原债权人脱离合同关系，受让人进入合同关系，成为新债权人。在债权部分转让的场合，原债权人与受让人分享债权，其享有的债权份额以约定为准，如无约定或未向债务人申明，则可视为两者对债务人享有连带债权。

债权转让协议的法律效力可从两个方面考察：其一为债权转让人与受让人之间的内部效力，表现为主债权依协议转让与受让人，从属于主债权的从权利亦随之转移，转让人还得就其转让的权利承担瑕疵担保责任；其二为债权转让生效后对债务人的效力，表现为债务人因对原债权人的债务免除而负有向受让人即新债权人的履行义务，不得再向转让人即原债权人履行义务，债务人对受让人享有对债权让与人的抗辩权。

（二）本案判决的简短评议

本案中，当事人之间以"经销协议"方式进行的饲料销售，实际上是惠达公司通过买卖合同将货物所有权转移给经销商钟其辉，由其卖出后获得差价，从而得到利润的销售模式。这与代销活动中当事人之间的关系有所不同。代销活动中代理商与委托人只是委托代理关系，代理商通过代销获得按成交金额一定比例核算的代销费，代销商的主要职责是促成交易成功。本案双方2007年1月1日签订的"经销饲料协议"即为买卖合同关系。由此，钟其辉因销售饲料而收取货款是其应享有的权利。

但是，惠达公司担心钟其辉收款后挪作他用，遂与钟其辉于2008年3月2日签署"说明"，实际上是想通过该"说明"在当事人之间达成债权转让的协议，并且该协议已满足合同生效的全部要件，是一个成立并生效的合同。因而钟其辉将其权利转让给了惠达公司，惠达公司因此而继受取得钟其辉对养殖户所有的权利，包括直接索要债务、进行和解及提起诉讼等，如果已经通知债务人，惠达公司就成为了新债权人，钟其辉因此丧失了对该债权的请求权。换言之，债务人即养殖户只能向受让人惠达公司履行，如果养殖户未经惠达公司的同意擅自向钟其辉履行，不构成债的清偿，不能免除其债务；钟其辉如果接受，不影响惠达公司对养殖户债权请求权的行使，对钟其辉则构成不当得利。同时，惠达公司向养殖户行使债权时，钟其辉依约并按照《合同法》第九十二条的规定履行通知、协助等后合同义务。因此，钟其辉不能取代惠达公司的原告诉讼地位。债权转让后钟其辉未经惠达公司授权仍可以其自己的名义作为原告起诉，则否定了双方之间的债权转让协议，是为违约。

因此，该案除判决驳回惠达公司请求返还已付的律师代理费44 500元外，其他诉讼请求均得到了法院的支持是合理的。至于为什么不支持惠达公司请求返还已付的律师代理费的请求，是因为惠达公司已经承诺承担44 500元费用，这应当是其"说明"即债权转让协议的内容，如无正当理由，惠达公司不能撤销该承诺的义务。

【案例三】擅自使用他人肖像出版图书的侵权责任

一、案情简介[①]

原告陈婷（女，化名）系央视主持人。2009年12月，原告在王府井某书店发现销售的厨艺类图书封面和封底使用了含有自己肖像的照片，遂把图书出版商和销售书店诉至法院。

原告陈婷诉称：原告是央视节目主持人，主持过"美食美客""购物街"等知名节目，其个人形象在公众中具有一定的影响力，尤其是在餐饮美食领域具有广泛的知名度和号召力。2009年12月26日原告在王府井某书店处发现销售的厨艺类图书封面和封底使用了含自己肖像的照片。经原告初步调查，涉案的图书均由某出版商出版发行，但涉案图书上的肖像未取得原告的授权。原告认为，被告出版商为提高其出版的图书的影响力和关注度擅自使用原告的肖像，严重侵犯了原告依法享有的肖像权，原告要求二被告停止涉案图书的发行和销售，在《北京法制晚报》上向原告赔礼道歉，向原告赔偿经济

---

① 案例来源：王蒙. 擅自使用央视主持人肖像 出版公司被判担责［EB/OL］.［2010-06-18］. 人民法院网，http://www.chinacourt.org/html/article/201006/17/414423.shtml.

损失50万元。

被告某出版商辩称，原告所述的涉案图书系其公司出版。公司与央视签订了出版合同，约定由其出版图书，并可以使用某栏目品牌。原告系该品牌节目主持人，故其公司使用原告的照片并未侵害原告的肖像权。按照行业惯例，此种模式称为贴牌书，原告所述涉案图书即为贴牌书。4本涉案图书每本印数5 000册，没有再版情况，故不同意原告的诉讼请求。

被告王府井某书店辩称，其书店经营的图书音像制品（包括诉争图书）全部按照新闻出版总署规定的进货渠道合法获取。书店未接到原告有关侵权的函件通知，且书店销售图书众多，没有能力及义务对所销售的图书进行审查，不同意原告的诉讼请求。

经审理查明，2007年9月3日，某传媒文化有限公司作为被告——某出版商的出版者、代理者与中国国际电视总公司签订图书出版合同。2008年11月12日，被告某出版商与某传媒文化有限公司签订图书出版合同。上述两份合同约定：由被告某出版商出版图书，同时被告某出版商可自主开发产品，经栏目组认可、授权后，可以使用其品牌，但应支付5%的税率。2008年6月，被告某出版商出版了涉案的4本图书，每本印数5 000册，每本定价24.8元。上述4本图书均使用了原告的照片，但被告某出版商使用原告照片未经过原告授权。2009年12月26日，原告在被告王府井某书店购买了上述4本图书。

法院认为，被告某出版商与中国国际电视总公司签订的出版合同中约定可以自主开发图书产品，但并未约定自主开发图书中可以使用原告的照片。被告某出版商出版的4本涉案图书使用了原告的照片，但未经原告授权，其行为侵犯了原告的肖像权。现原告要求被告立即停止诉争图书的发行和销售、向原告赔礼道歉、赔偿经济损失的诉讼请求，予以支持，但其中原告要求赔偿经济损失50万元数额过高，具体数额由本院参照图书发行情况予以酌定；原告要求赔礼道歉的具体形式由本院依法予以确定。判决：二被告停止对涉案4本图书的发行及销售；被告某出版商向原告陈婷书面道歉，道歉内容须经本院审核；被告某出版商赔偿原告陈婷侵犯肖像权的经济损失25 000元；驳回原告陈婷的其他诉讼请求。

二、思考与练习

1. 何谓侵权行为？侵权责任的构成要件有哪些？
2. 本案被告是否构成侵权？

三、分析与评点

（一）侵权责任及其归责原则

我国《侵权责任法》第二条规定："侵害民事权益，应当依照本法承担侵权责任。""本法所称民事权益，包括生命权、健康权、姓名权、名誉权、荣誉权、肖像权、隐私权、婚姻自主权、监护权、所有权、用益物权、担保物权、著作权、专利权、商标专用权、发现权、股权、继承权等人身、财产权益。"一般认为，侵权行为就是指行为人由于侵害他人的财产和人身，依法应承担民事责任的行为。

侵权责任，亦称侵权行为的民事责任，是指民事主体因实施侵权行为而应承担的民事法律后果。侵权责任是否成立，取决于行为人的行为及其后果是否符合责任的构成要件。在民事法律上，归责即责任的归属，它所要解决的问题是责任由谁承担。由此在侵权法上专门确定了归责原则。换言之，侵权行为的归责原则，是指在行为人的行为致人损害时，根据何种标准和原则确定行为人的侵权责任。根据《中华人民共和国侵权责任法》（以下简称《侵权责任法》）第六条、第七条、第二十四条的规定，"行为人因过错侵害他人民事权益，应当承担侵权责任。根据法律规定推定行为人有过错，行为人不能证明自己没有过错的，应当承担侵权责任"。"行为人损害他人民事权益，不论行为人有无过错，法律规定应当承担侵权责任的，依照其规定。""受害人和行为人对损害的发生都没有过错的，可以根据实际情况，由双方分担损失。"一般认为，该三个条文规定，大致确定了我国侵权法的归责原则为：过错责任原则、无过错责任原则、公平责任原则。

所谓过错责任原则，即指行为人须有过错才承担民事责任，过错是承担民事责任的必要条件。在过错责任原则下，侵权责任的构成，不仅要有侵权行为和侵权所造成的他人权益的损害，以及二者之间具有因果关系，而且行为人须具有过错。此四个要件缺一不可。对于一般侵权行为，依法律规定均采过错责任原则。

在过错责任的场合，对有些侵权行为，"根据法律规定推定行为人有过错，行为人不能证明自己没有过错的，应当承担侵权责任"，此即为过错推定过错责任。此推定过错仍然是以行为人有过错为根本要件，因此，其仍属过错原则范畴，只不过在举证责任的负担上发生了转化，即应由行为人举证证明其无过错，否则，将承担侵权的民事责任。

所谓无过错责任，是指行为人造成他人权益损害，不论其有无过错，均应承担侵权的民事责任。在无过错责任原则下，侵权责任的构成，仅要求有侵权行为和侵权所造成的他人权益的损害，以及二者之间具有因果关系即可，不再考虑行为人是否有过错这一条件。无过错责任原则，对行为人的责任负担较重，因此，该原则仅适用于依法律规定采用无过错责任原则的特殊侵权行为。根据我国法律规定产品责任、环境污染责任、高度危险责任等均采无过错责任。

所谓公平责任，是指受害人和行为人双方对损害的发生都没有过错的、又非法律规定适用无过错原则的，由人民法院根据实际情况，根据公平原则确定双方对损失进行分担。对于公平责任能否作为侵权法的独立的归责原则，学界有不同的认识，但对其作为案件处理的法律措施和规则，则是没有分歧的。

(二) 如何评价本案判决

由上述对侵权法基本问题的分析表明，对侵权行为追究民事责任，是保护人们权益，平衡当事人之间利益关系的重要措施。由前文所引我国侵权法的规定可以看出，人们所享有的广泛的人身权和财产权均应受到法律保护，因侵权行为而侵害当事人的合法权益当然得承担相应的民事责任。

本案中当事人的肖像权作为其重要的人身权益当然受到法律保护，但倘若事先有约定，则并非一定构成侵权。因此，本案当事人出版公司与央视签订的出版合同以及原告是否对出版商使用其肖像授有权利就成为本案能否构成侵权的关键。从上述被告举证及法庭调查的结果而言，无论是原告还是作为其供职单位的中央电视台均未授权原告使用其肖像，因此，应确定被告的行为构成侵权，法院对于本案的判决是合理的。

第八章

合同法基本原理

【案例一】离婚协议与《合同法》的适用范围

一、案情简介[①]

曾某与丈夫周某结婚5年，感情一直不好。1个月前，当夫妻俩再次发生激烈争吵时，周某便起草了一份离婚协议，内容为：双方自愿离婚；儿子由丈夫抚养；家庭财产房屋一栋，归丈夫所有；本协议经双方签字后生效。曾某不假思索，在协议上签了字。第二天，曾某反悔了，拒绝到民政局办理离婚登记手续，周某却不依不饶，将曾某告上了法庭。

本案在审理过程中，围绕离婚协议的效力，存在着三种意见：第一种意见认为，离婚协议是双方自愿签订的，周某并没有采取胁迫的手段，因此，该离婚协议具有法律效力，法院应当以离婚协议内容为依据，作出判决。第二种意见认为，离婚协议的效力由离婚与否来决定，如果法院认定夫妻感情破裂，则按照离婚协议作出判决；如果认定夫妻感情尚未破裂，则离婚协议自动失去效力。第三种意见认为，曾某拒绝办理登记离婚手续，意味着曾某反悔了。因为她反悔了，所以离婚协议没有生效。

二、思考与练习

1. 离婚协议是否适用《合同法》？
2. 本案怎么处理？

[①] 案例来源：罗新祥. 如何认定离婚协议的效力 [EB/OL]. [2010-03-18]. 中国民商法网, http://www.civillaw.com.cn/article/default.asp? id=47200.

三、分析与评点

（一）关于《合同法》的调整范围问题

关于《合同法》的调整范围问题，学术界存在不同的观点：一是《合同法》适用于所有合同关系；二是《合同法》仅适用于债权合同关系；三是《合同法》适用于民事合同关系。[1] 根据我国《合同法》第二条规定，"本法所称合同是平等主体的自然人、法人、其他组织之间设立、变更、终止民事权利义务关系的协议"，"婚姻、收养、监护等有关身份关系的协议，适用其他法律的规定"。可见，我国《合同法》应适用于民事交易合同关系，应用于规范平等主体之间合同订立、合同有效和无效及合同履行、变更、解除、保全、违反合同的责任等问题。因身份关系不属于交易范畴的，不受《合同法》调整。因而，本案中所说的离婚协议，虽为协议，但其不应由《合同法》调整，而应由《婚姻法》予以规范。换言之，即使一方违反离婚协议，也不得基于《合同法》的规定请求另一方承担违约责任。这已成为法律界的基本共识。

（二）离婚协议不适用《合同法》

基于前文分析，判断涉及身份关系的离婚协议有效或无效，不能依据普通的合同效力规则。更重要的或许还在于离婚协议牵涉感情因素，故协议内容不应成为法院判决的当然依据。相反，我们认为，离婚协议作为解决离婚相关事项的处理协议，其效力应以离婚为前提。如果离婚已成事实，即已经进行离婚登记，那么，当事人之间就离婚事项的安排应当具有效力；反之，如果离婚未成，当然不存在对离婚事项的安排和处理，即便存在离婚协议，其效力亦未发生。进而言之，本案中，曾某与周某签订的离婚协议，因曾某反悔没有生效，周某提交给法庭的，只能作为当事人拟就离婚事项作出处理和安排的证据之一，法院应根据当事人之间感情是否确属破裂的具体情况作为裁判离婚与否的标准，如果判决离婚，其相互之间已就财产分割、子女抚养等达成协议，则应按协议内容处理相关事宜，而不应该以当事人之间的离婚协议作为离婚的调解或判决的依据。

总之，根据《合同法》的规定，离婚协议不适用《合同法》调整，不能以当事人事先订有的协议作为办理离婚登记手续的依据和条件。

---

[1] 王利明. 合同法要义与案例析解 [M]. 北京：中国人民大学出版社，2001：12.

【案例二】 要约邀请与要约的区分

一、案情简介[①]

2004年5月，原告新发商贸城向社会发布黄金旺铺超低价招商近期开业的广告，声称其开办的海天市场全面招租，每个商铺收押金5 000～10 000元，期满一年后如不继续经营可以退还押金，第一次交纳一个季度租金，可经营4个月等。同年5月17日、18日，被告行源商贸公司分别向新发商贸城交纳租赁二层71号、72号商铺的押金各10 000元，新发商贸城向行源商贸公司出具了收据。至同年9月7日止，行源商贸公司向新发商贸城交纳了71号、72号商铺第一季度的租金各19 800元。9月8日新发商贸城向行源商贸公司提供了海天市场二层71号、72号商铺，行源商贸公司开始经营。同年11月，行源商贸公司与新发商贸城补签了2份合同约定：行源商贸公司承租海天市场二层71号、72号商铺用于经营电子产品；租期12个月，自2004年9月8日起至2005年9月7日止；执行季度租金制，每个商铺租金19 800元；租金为每3个月1期，行源商贸公司应在每期开始前5天内将其租金一次性付清；每个商铺收取抵押金10 000元；如果行源商贸公司按合同约定期限逾期5日仍未付租金，新发商贸城可以终止合同、收回商铺，抵押金及租金视为违约金一律不退。

2004年12月8日，第2季度租期开始后，行源商贸公司始终未交租金，新发商贸城遂诉至法院，请求法院判令行源商贸公司交付租金。2005年1月15日，新发商贸城收回行源商贸公司在海天市场二层71号、72号商铺。

行源商贸公司辩称，依照新发商贸城的黄金旺铺超低价招商近期开业广告，其公司已经全面履行了义务，事实是新发商贸城严重违约，并在诉讼期间擅自收回商铺并转让他人，给被告造成重大经济损失，故提出反诉请求：①判令新发商贸城履行黄金旺铺超低价招商近期开业广告第三条"第一次交纳一个季度租金，可经营4个月"所承诺的义务；②恢复其对71号、72号商铺的承租权；③赔偿其自2005年1月15日起至恢复两期承租权之日期间的经济损失共计14 175元。

新发商贸城针对其反诉辩称，双方所签承租合同有效，双方应履行各自合同义务。

二、思考与练习

1. 要约和要约邀请如何区别？
2. 本案该如何处理？

[①] 案例来源：马强. 合同法总则 [M]. 北京：法律出版社，2007：12.

三、分析与评点

本案争议的焦点实际上是新发商贸城发布的黄金旺铺超低价招商近期开业广告对其是否具有约束力。也就是说，如果该广告是要约，则其内容经行源商贸公司承诺即达成合意，成为合同的一部分。那么，行源商贸公司"第一次交纳一个季度租金"后，当然可依约"经营4个月"，因而新发商贸城收回商铺即为违约。反之，如果该广告仅仅是要约邀请的话，该广告就不构成合同内容，行源商贸公司则应按照合同约定交付租金。因其未按约交租金，新发商贸城解除合同、收回商铺的行为即应得到支持。

（一）要约和要约邀请

《合同法》第十四条规定："要约是希望和他人订立合同的意思表示，该意思表示应当符合下列规定：（一）内容具体确定；（二）表明经受要约人承诺，要约人即受该意思表示约束。"可见，要约是指订立合同的一方当事人向他方提出的、以订立合同为目的的确定的意思表示。一般认为，一个有效的要约须具备以下要件：①要约是特定人作出的意思表示；②要约通常是向特定的相对人所发出的；③要约必须包含缔结合同的主观目的；④要约中必须包含合同成立所必需的主要条件；⑤要约中需包含要约人表明一经承诺将受要约约束的意思。

《合同法》第十五条规定："要约邀请是希望他人向自己发出要约的意思表示。寄送的价目表、拍卖公告、招标公告、招股说明书、商业广告等为要约邀请。""商业广告的内容符合要约规定的，视为要约。"亦即，要约邀请，又称要约引诱，是指一方当事人邀请对方当事人向自己发出要约。与要约不同，要约邀请仅仅是预备订立合同的行为，对发出人而言没有法律约束力，即使相对人作出承诺，也不能成立合同。

要约与要约邀请是两个不同但不容易区分的概念，我们可以从以下几个方面对其进行区分：

第一，根据当事人的意愿来作出区分。要约应具有明确的订约意图，它是一种订约的意思表示，包含有当事人受要约拘束的意思；要约邀请，则仅仅是当事人表达某种意愿、希望对方向自己提出订约的意思表示，不含有当事人受其约束的意思，要约邀请人希望自己处于可以选择是否接受对方要约的地位。

第二，根据订约提议的内容是否包含了合同的主要条款来区分。要约的内容中应当包含合同的主要条款，这样才能因承诺人的承诺而成立合同；要约邀请仅是当事人希望对方向自己提出订约的意愿，因此，其内容不必确定，无须包括合同主要条款，只传达出某种资讯或商业信息即可。

第三，根据订约提议发出的相对人来区分。要约原则上是向特定人发出，要约邀请大都是向不特定人发出的，如通常的商业广告、声明等。

此外，还可以根据交易的习惯和法律规定来区分。商业习惯对于当事人的行为判断非常重要，在特定环境和交易关系中，交易习惯往往直接决定当事人行为的效力。当然，如果法律明确规定了某种行为为要约或要约邀请，即应按照法律的规定作出区分。比如《合同法》第十五条就明确列出了要约邀请的典型行为。

可见，通常而言，商业广告是要约邀请而非要约，除非该商业广告的内容非常明确、具体，而且表达出了当事人受其约束的意思，亦即符合《合同法》第十五条的规定，即"商业广告的内容符合要约规定的，视为要约"。

（二）对本案的分析

在本案中，新发商贸城向社会发布黄金旺铺超低价招商近期开业的广告，其旨趣不在希望与某人订约，而在于让社会了解其商铺出租的信息，而且也无要受该广告约束的意思；其介绍相关资讯和优惠条件等，目的不外乎引人注意，意在招商；从其内容来看，内容也显得简单抽象，并未规定具体权利与义务，不具有要约的内容要求。从这些基本可以判定，该广告的法律性质是要约邀请而非要约。更为重要的还在于，其后专门订立了租赁合同，而并未将先前广告的有关优惠条件纳入其中，更体现了广告的要约邀请性质。

同时，在双方当事人接触并进行相关磋商以后，双方当事人所订立的就海天市场二层71号、72号商铺租赁的合同，并无瑕疵，应为有效合同，应予遵守。

由此观之，本案当事人新发商贸城按约定条件"终止合同，收回商铺"，并无不当；而行源商贸公司依照新发商贸城的黄金旺铺超低价招商近期开业广告提出的反诉请求，没有法律和事实根据，不能得到法院的支持。

【案例三】附条件的合同的法律效力

一、案情简介[①]

原告周某于2007年7月8日向被告吴某承包的垫江县鹤游镇水井村村民委员会修建的村级公路供应水泥。2008年2月8日吴某欠周某货款44 000元，并出具借条。借条载明："今借到周某现金44 000元。利息按每月5%计算至还清止。限于2008年3月10日前付清。"被告廖某在借条上以水井村村委会的名义作为担保人为该笔货款提供担保，载明："担保人：此款待县交通局和移民项目后扶款到位后付清，担保人：水井村村委会，廖某。"经查明，有关部门至今未拨付给水井村村委会全部移民项目后扶款。原告周某向被告吴某、廖某索要无果，遂诉至垫江法院高安法庭，请求判决被告吴某、廖某共同支付其货款44 000元及利息。

[①] 案例来源：金玲. 附生效条件的合同 条件未成就不能生效［EB/OL］. 中国民商法网, http://www.civil-law.com.cn/article/default.asp? id=47540.

垫江法院经审理查明后，依法判决由被告吴某付给原告周某借款 44 000 元及利息（从 2008 年 2 月 10 日起按中国人民银行同期同类贷款利率的 4 倍计算）。被告廖某、被告垫江县鹤游镇水井村村民委员会不承担保证责任。

二、思考与练习

1. 附条件的合同其效力状态如何？
2. 如何看待本案吴某向周某出具的借条和担保人所提供担保的效力？

三、分析与评点

（一）附条件的合同的效力

作为法律行为的合同，当事人当然可以约定附条件。《合同法》第四十五条规定，"当事人对合同的效力可以约定附条件。附生效条件的合同，自条件成就时生效。附解除条件的合同，自条件成就时失效"，"当事人为自己的利益不正当地阻止条件成就的，视为条件已成就；不正当地促成条件成就的，视为条件不成就"。因此，所谓附条件的合同，即指当事人在合同中约定，以一定条件的成就（发生或出现）与否，作为合同效力发生或终止的依据的合同。

在附条件的合同中，当事人所附条件包括延缓条件和解除条件。所谓延缓条件，是指决定合同效力是否发生的条件，换言之，只有在所附条件成就时该合同的效力才发生；所谓解除条件，是指决定合同效力是否终止的条件，即待该条件成就时，合同效力即告终止，合同原有的权利义务即行解除。

由上看出，从合同效力角度检视，附延缓条件的合同：其条件未成就时，其效力尚未发生；其条件成就时，合同效力全面展开；在其条件成就与否尚未确定之时，其效力依旧未发生。附解除条件的合同：其条件未成就时，具有法律效力；其条件成就时，合同效力即告终止；在其条件成就与否尚未确定之时，依旧具有其效力。

（二）对本案处理的点评

本案法院在审理后判决，由被告吴某付给原告周某借款 44 000 元及利息（从 2008 年 2 月 10 日起按中国人民银行同期同类贷款利率的 4 倍计算）；被告廖某、被告垫江县鹤游镇水井村村民委员会不承担保证责任。为什么被告吴某与被告廖某、被告垫江县鹤游镇水井村村民委员会在责任承担上有如此重大的差异？

首先，被告吴某给原告周某出具的借条虽然只是对其债务关系的确认，但确是双方真实意思的表示，双方债权债务关系依法成立并发生效力，当事人（即被告吴某）理应按照借条上约定的履约时间全面履行自己的还款义务。当其逾期未还时，法院做出让其还款的判决，乃是对原告主张被告吴某支付 44 000 元贷款的诉讼请求的支持。至于为何按中国人民银行同期同类贷款利率的 4 倍计算其利息，是基于最高人民法院《关于人民法院审理借贷案件的若干意见》的规定——民间借贷的利息最高不得超过银行贷款利率的 4 倍，因此，法院对原告周某与被告吴某在借条上约定的利息超过银行贷款利率 4 倍的部分不予支持，因而仅限于司法解释确定的 "4 倍" 上限予以确定。

其次，被告廖某在借条上以水井村村委会名义作为担保人提供担保，因此，廖某本人对被告吴某所欠债务并不承担担保责任。被告水井村村委会虽然在借条上作为担保人，但合同担保条款明确约定 "此款待县交通局移民项目后扶款到位后付清"，故对此可以理解为：担保人担保债务人以县交通局移民项目后扶款到位为付款条件，即担保合同的生效条件。直言之，如果 "县交通局移民项目后扶款到位后" 债务人不付清其欠款，担保人将承担担保责任。由于有关部门 "至今未拨付给水井村村委会全部移民项目后扶款"，亦即合同中约定的条件未成就，因此被告水井村村委会不承担担保责任。

可见，法院就该案所做判决对当事人之间的合同关系的把握是准确的，正确地区分了当事人之间的欠款合同和第三人对债务的担保合同的不同效力，其判决并无不当。

【案例四】 对未以书面形式订立的房屋买卖合同效力的认定

一、案情简介[①]

夏某与李某系战友关系。2000 年 1 月的一天，战友聚会时，夏某提出以 4.5 万元的价格购买李某闲置的一套住房，李某表示同意，并对房产过户事宜进行了口头约定。2000 年 1 月 4 日，夏某按口头约定向李某支付购房款 3 万元，李某出具了收条。同年 4 月 1 日，夏某向李某支付欠下的购房款 1.5 万元，李某向夏某出具了 "购房款已全部付清，过户手续 2000 年年底完成" 的保证书。夏某于第一次付款后搬入该房居住至 2010 年，并先后对该房进行过两次装修。此期间，夏某多次要求李某办理房屋产权过户手续，李某一直借故推脱。夏某遂将李某及其妻子张某告上法庭。法庭另查明，1998 年 8 月，张某所在单位进行住房制度改革时，其以成本价 1.4 万元购得该房，房屋登记所有人为张某，产权比例为全部。该案在审理中有两种意见。

第一种意见认为，本案中的房屋买卖合同无效。理由如下：

第一，《中华人民共和国城市房地产管理法》第四十条规定，"房地产转让，应当签订书面转让合同"；《国务院关于深化城镇住房制度改革的决定》第二十一条规定，"职工以成本价购买的住房，产权归个人所有，一般住用五年后可以依法进入市场"。本案中房屋买卖双方没有依法签订书面房屋买卖合同，且该房被转让时仅住用了一年多。因此，本案中的房屋买卖合同违反了法律、行政法规的强制性规定，应认定为无效。

---

① 案例来源：童强. 本案房屋买卖合同是否有效 [EB/OL]. [2010 - 05 - 11]. 中国民商法网，http://www.civillaw.com.cn/article/default.asp? id = 48754.

第二，该房的产权所有人为张某，李某作为共同共有人单方面向第三人出售房屋、出具收条、保证书的行为属擅自处分共有财产，应认定为无效。

第二种意见认为，本案的房屋买卖合同并没有违反法律、行政法规的强制性规定，且夏某属善意第三人，此房屋买卖合同有效。

二、思考与练习

1. 哪些合同为无效合同？
2. 本案所涉合同是否无效？

三、分析与评点

（一）合同的成立与无效问题

合同的成立与无效是《合同法》的重要问题。一般来说，合同成立与否，涉及对合同是否存在的事实判断，即该合同是否存在。根据合同（契约）自由原则，当事人意思表示一致形成合意，合同即告成立。依据《合同法》第十三条、第二十五条的规定，"当事人订立合同，采取要约、承诺方式"，"承诺生效时合同成立"。当然，因法律规定或当事人约定采取书面形式的，应满足其形式要求，合同方告成立。同时《合同法》第三十六条、第三十七条亦对此作了例外规定："法律、行政法规规定或者当事人约定采用书面形式订立合同，当事人未采用书面形式但一方已经履行主要义务，对方接受的，该合同成立"，"采用合同书形式订立合同，在签字或者盖章之前，当事人一方已经履行主要义务，对方接受的，该合同成立"。

合同无效涉及法律对合同效力的干预，是一个法律上的价值判断问题。只有已经成立的合同才有有效与否的判断问题，换言之，合同成立是对合同是否有效进行判断的基础，而合同是否有效是对已经成立的合同的法律效力的确认。我国《合同法》第四十四条规定："依法成立的合同，自成立时生效。"但有《合同法》第五十二条规定情形之一的合同无效，即"（一）一方以欺诈、胁迫的手段订立合同，损害国家利益；（二）恶意串通，损害国家、集体或者第三人利益；（三）以合法形式掩盖非法目的；（四）损害社会公共利益；（五）违反法律、行政法规的强制性规定"。对该条第（五）规定规定的"行政法规"的范围，最高人民法院关于《〈合同法〉司法解释（一）》第四条规定，"《合同法》实施以后，人民法院确认合同无效，应当以全国人大及其常委会制定的法律和国务院制定的行政法规为依据，不得以地方性法规、行政规章为依据"。而对于法律法规的"强制性规定"，《〈合同法〉司法解释（二）》第十四条规定，"《合同法》第五十二条第（五）项规定的'强制性规定'，是指效力性强制性规定"。这里所谓"效力性强制性规定"是相对于"管理性（或取缔性）强制性规定"而言的，换言之，如果合同违反的强制性规定在属于管理性强制性规定而非效力性强制性规定的情况下，虽可能导致相关管理性处罚，但不影响合同本身的效力时，合同在当时人之间依然具有约束力。所以，区分管理性强制性规定和效力性强制性规定，对于合同效力的判断至关重要。

（二）对本案合同效力的判断

首先，本案合同是不是双方当事人真实的意思表示？从当事人商议达成口头协议以及夏某按口头约定向李某支付购房款3万元、李某出具收条等情况看，应该认定双方对订立合同并无异议，是其真实的意思表示。

其次，该房的产权所有人为张某，李某作为共同共有人单方向第三人出售房屋、出具收条、保证书的行为是否属于擅自处分共有财产？在该合同订立时，作为所有权人的张某未参与订约，也未出具书面授权文件，因而李某订约等行为似乎有擅自处分之嫌。但是，作为夫妻共有财产，夫妻有平等的处置权，即使夫妻就财产处置未取得一致意见，依据《民通意见》第八十九条的规定，"在共同共有关系存续期间，部分共有人擅自处分共有财产的，一般应认定无效。但第三人善意、有偿取得该项财产的，应当维护第三人的合法权益"；《婚姻法解释》第十七条第二款规定，"夫或妻非因日常生活需要对夫妻共同财产做重要处理决定，夫妻双方应平等协商，取得一致意见。他人有理由相信其为夫妻双方共同意思表示的，另一方不得以不同意或不知道为由对抗善意第三人"。夏某搬入该房实际居住长达十年之久且先后进行过两次装修，张某一直未向夏某提出过异议，因此，本案当事人夏某有理由相信李某与其订约是其夫妻共同的意思表示。

再次，本案房屋买卖合同是否违反法律法规的强制性规定？虽然《国务院关于深化城镇住房制度改革的决定》对于职工以成本价购买的"房改房"进入市场流通有限制性规定，但该"决定"应不属于"行政法规"的范畴，当然也不属于"效力性强制性规定"的法律法规。因此，该合同不存在违反《合同法》第五十二条规定的情形。

最后，该合同是否违反法律对房屋买卖合同的形式要求？对于房屋买卖应采用书面合同形式，但依前述《合同法》第三十六条、第四十四条之规定，如果合同一方当事人已履行合同主要义务，对方已然接受的，合同依法成立且自成立时生效。本案中夏某按照口头约定分两次全额向李某支付了购房款（即履行该合同主要义务），李某接受并出具了收条和保证书，并向夏某交付了房屋。因此，该合同即便在形式上来看也不违反法律的规定。

综上观之，本案讼争的合同应为有效合同，法院应对夏某的诉讼请求予以支持。

【案例五】显失公平合同的效力

一、案情简介[①]

北京密云县南天村的农民孙某于 1999 年 5 月与南天村签订了一份承包合同。双方约定，孙某以 200 元钱承包下一片荒山 25 年的经营权。合同中约定，孙某承包的荒山范围的界定是：东至集体杨树林东边。也就是说荒山的范围包含了一片杨树林。在履行合同期间，双方产生争议。村委会认为合同中所说的承包范围是错误的，不应当包括那片杨树林。其中"至集体杨树林东边"应当为"西边"。所以该片杨树林的所有权仍然是村里的，孙某无权对其进行处分。这片杨树林总共有 481 棵杨树，价值近万元。孙某对此不服，认为既然合同中写明"至杨树林东边"，杨树林自然归其所有，并且其已经管理近一年的时间，光施肥浇水就花去近千元，其有权对其进行处分。并且双方各自持有的一份合同中均明确写着"至杨树林东边"，合同也没有任何涂改的痕迹，故该合同有效。村委会说这是写合同时笔误造成的，并且与孙某同样承包荒山的刘某以同样的价格承包了相邻的荒山，合同中规定的为"至杨树林西边"。为此双方产生争议，孙某遂向法院提起诉讼，要求村委会履行合同，保护他的合法利益。

在法院审理本案过程中，产生了两种不同观点。一种观点认为，双方订立的合同已经成立并生效，应当严格遵守合同的约定，即孙某有权对该片树林进行处分。另一种观点则认为，双方订立的合同是有重大瑕疵的合同，村委会因为笔误将"西边"写成"东边"，该合同属于有重大错误的合同，即为可撤销合同，村委会可以撤销合同。

二、思考与练习

1. 显失公平的合同如何认定？
2. 如果本案合同被撤销，孙某的损失该由谁承担？

三、分析与评点

（一）对显失公平合同的认定

显失公平的合同是指一方在订立合同时因时间紧迫或缺乏经验而订立的明显对自己有重大不利的合同。显失公平的合同往往由于当事人双方的权利和义务极不对等、经济利益上不平衡，违反了民法的公平原则。最高人民法院《关于贯彻执行〈民法通则〉若干问题的意见》对显失公平的认定作了司法解释，即"一方当事人利用优势或者对方没

[①] 案例来源：王利明. 合同法要义与案例析解（总则）[M]. 北京：中国人民大学出版社，2001：85.

有经验，致使双方的权利与义务明显违反等价有偿原则的，可以认定为显失公平"。

合同作为交易的手段，充分地体现了当事人的意思自治。因此，只要是当事人自愿达成的协议就应被认定是公平的。尽管以通常的、普遍的价值标准和公平标准来评价，双方利益可能会出现失衡的状况，但对合同当事人来讲，只要他自己认为是公平的，法律应该尊重当事人的意思自治，而不应加以干涉。正所谓"只要是自愿的就是合理的"。因此，对于本案而言，如果仅因当事人只花200元钱承包下一片荒山25年的经营权，还包括481棵价值近万元的杨树等，就认定"显然缺乏足够的对价"，并进而认为该合同构成显失公平而"没有疑义"[①]，其理由并不充分。有法言云，"一分钱或一颗胡椒籽可以构成一个有价值的对价"。实际上，对于本案中合同是否显失公平的认定，关键不在于200元承包费是不是构成对价，而在于作为发包方的当事人是否自愿接受对方的承包价格，即其订约之时是否为真意。如果对此回答是肯定的，那就不存在显失公平的问题。反之，若发包方的当事人订约之时并不是完全出于真意，其所以签约是因为其欠缺交易经验、欠缺判断力，或者过于草率，抑或在对方有某些方面的明显优势的情况下做出的，并且因签约而导致了当事人之间的利益失衡，那么该合同可认定为显失公平。换言之，对显失公平合同的认定，应考虑两方面的条件：一是是否存在一方当事人欠缺交易经验、欠缺判断力，或者过于草率，抑或在对方有某些方面的明显优势的情况下违背其真意订约；二是是否因违背当事人真意的订约导致双方利益失衡。这两方面缺一不可。

（二）本案应如何处理

依上述分析可见，对于本案当事人之间的合同是否为显失公平的合同，亦必须按通常标准予以判断。从案例提供的信息，双方利益的失衡似乎是客观存在的，但是，对于是否存在订约之时当事人之违背真意，则不无异议。因此，我们只能话分两头：如果说订此协议是为鼓励村民承包经营，那么，该协议即为有效协议，应当遵守；如果村委会能举证证明，合同中所说的承包的范围是错误的，系笔误所致，那么，该协议即违背其真意，又因其结果的利益失衡，因而可认定该合同为显失公平的合同。

如果认定该协议为显失公平，那么应按现行法的规定予以处理。根据《民法通则》第五十九条的规定，对重大误解或显失公平的民事行为，一方当事人有权请求人民法院或仲裁机构予以变更或撤销。《合同法》第五十四条则规定，订立合同时显失公平的，当事人一方有权请求人民法院或者仲裁机构变更或者撤销。因此，首先应依当事人意思，予以撤销或变更。其次，若因合同的撤销或变更造成承包人孙某损害，即使因村委会笔误所致，其错在村委会，因而，依《合同法》第四十二条和第五十八条规定，当事人在订立合同过程中因故意或过失，给对方造成损失的，应当承担损害赔偿责任；合同无效或者被撤销后，因该合同取得的财产，应当予以返还；不能返还或者没有必要返还

[①] 王利明. 合同法要义与案例析解（总则）[M]. 北京：中国人民大学出版社，2001：86.

的，应当折价补偿，有过错的一方应当赔偿对方因此所受到的损失。双方都有过错的，应当各自承担相应的责任。在承包期间，孙某对林木进行了管理，在近一年的时间光施肥浇水就花去近千元，对此花费为其损失当无疑义，村委会应予赔偿。

综上所述，显示公平的合同为可撤销或可变更的合同，因当事人行使撤销权而自始无效，因其无效导致的损失应由有过错方予以赔偿。需强调的是，依据《合同法》规定，可撤销或可变更的合同必须以当事人行使撤销或变更的权利方能撤销或变更，若当事人不行使该权利，则合同效力不受影响；同时，当事人行使该权利须受到限制，依《合同法》第五十五条的规定，具有撤销权的当事人自知道或者应当知道撤销事由之日起一年内没有行使撤销权，则该撤销权消灭；具有撤销权的当事人知道撤销事由后明确表示或者以自己的行为放弃撤销权的，撤销权也归于消灭。

【案例六】可撤销合同的效力问题

一、案情简介[①]

王某是居住在美国的老华侨，年老后体弱多病，希望叶落归根，于是回到中国。他希望由中国的亲人来赡养自己，并继承自己的财产。王某委托曾在美国留学的孙某代为回老家寻找自己的亲人，并转告他的意思。孙某回来后说，王某家中已经没有任何较近的亲人了，王某非常失望。孙某表示愿意赡养王某，但需由其取得遗产。王某见孙某对自己还可以，而且自己家中也没有亲人了，于是与孙某签订了遗赠赡养协议，约定王某生前由孙某赡养照顾，死后其全部遗产归孙某所有。

三年后，王某在老家的姐姐的儿子辗转得知王某回到中国的消息，于是前来认亲。王某见到外甥后，非常高兴，就叫外甥来自己家住，并由其外甥来照顾他。王某认为孙某骗了自己，要求解除与孙某的遗赠赡养协议。而孙某认为遗赠赡养协议已经生效，并且已经过了三年了，孙某对王某的赡养也尽心尽力，所以不能解除合同，双方应当继续履行合同。为此双方发生争议，起诉到法院。

对于本案的处理，有三种不同的观点。第一种观点认为，孙某与王某的遗赠赡养协议合法有效，王某不得随意请求解除合同，双方应当继续履行合同。第二种观点认为，孙某与王某达成遗赠赡养协议，是由于孙某对王某欺诈造成的，所以该合同应当无效。第三种观点认为，孙某虽然有对王某的欺诈行为，但对遗赠赡养协议的成立没有任何影响，所以该遗赠赡养协议应当有效，由于该种协议具有人身性质，所以王某可以终止该

---

① 案例来源：王利明. 合同法要义与案例析解（总则）[M]. 北京：中国人民大学出版社，2001：126.

合同。

二、思考与练习

1. 哪些合同是可撤销的合同？
2. 本案该作何处理？

三、分析与评点

（一）可撤销的合同：效力与种类

可撤销的合同，亦为可变更的合同，是指基于法定原因，当事人有权诉请法院或仲裁机构予以变更或者撤销的合同。可撤销或可变更的合同，往往是由于某种原因致当事人意思表示不真实，因而法律赋予当事人以撤销或变更的权利，弥补其意思表示的缺陷。就效力而言，可撤销合同的效力取决于有撤销权的一方当事人是否行使撤销权，在有撤销权的一方行使撤销权之前或不行使撤销权，合同对双方当事人都是有效的；倘若当事人行使撤销权，则该合同自始无效。可见，可撤销的合同既不同于效力无瑕疵的有效的合同，又不同于绝对无效的无效合同。

依据《合同法》第五十四条的规定，"下列合同，当事人一方有权请求人民法院或者仲裁机构变更或者撤销：（一）因重大误解订立的；（二）在订立合同时显失公平的"。"一方以欺诈、胁迫的手段或者乘人之危，使对方在违背真实意思的情况下订立的合同，受损害方有权请求人民法院或者仲裁机构变更或者撤销"。由此可见，可撤销的合同的种类有：

（1）因重大误解订立的合同。按照最高法院的司法解释，行为人因对行为的性质、对方当事人、标的物的品种、质量、规格和数量等产生错误的认识，致使行为的后果与自己的真实意思相违背，并造成较大损失的，可以认定为重大误解。

（2）订立合同时显失公平的。按照我国的司法解释，显失公平是指一方当事人利用优势或者利用对方没有经验，致使双方的权利与义务明显违反公平、等价有偿原则的民事行为。

（3）一方以欺诈、胁迫的手段或乘人之危，使对方在违背真实意思的情况下订立的合同。欺诈，是指行为人故意告知对方虚假情况或隐瞒真实情况，诱使对方作出错误意思表示的行为；胁迫，是指以给对方或亲友的合法权益造成损害为要挟，迫使对方作出违背真实意思的行为。在受欺诈、受胁迫的情况下所订立的合同，直接违背我国民法的自愿原则。而乘人之危，则是一方当事人趁对方处于危难之机，为牟取不正当利益迫使对方作出不真实的意思表示而签订的合同，往往严重损害对方的利益。为弥补当事人订约之意思表示的不真实和不自由，法律赋予受损害方有权请求人民法院或仲裁机构变更或撤销。

对于可变更、可撤销的合同，当事人有权诉请法院或仲裁机构予以变更、撤销。当事人请求变更的,人民法院或者仲裁机构不得撤销。

(二)对本案的处理

对于本案的处理,之所以会有三种不同的观点,关键是对合同效力认识的不同所致。从案情提供的信息来说,该案应定性为因欺诈而订立的合同,应为可撤销或可变更的合同。该案中,出于叶落归根的朴实情感,王某本希望由自己在中国的亲人来赡养自己,并继承自己的财产。为此,王某委托曾在美国留学的孙某代为回老家寻找自己的亲人,并转告他的意思。但是,孙某回来后告知王某,其家中已经没有任何较近的亲人了。作为受托人应如实就寻找的结果告知王某,但孙某却告知其亲人不存在的结果。在王某老家明明尚有亲属的情况下,孙某未告知实情,应该可以认定为欺诈。在此情形下,王某与孙某签订的遗赠赡养协议,应为可撤销的合同。

在协议订立三年后,王某在老家的姐姐的儿子得知王某回到中国的消息,于是前来认亲。王某此时认为孙某骗了自己,要求解除与孙某的遗赠赡养协议,未超过《合同法》第五十五条规定的自知道或者应当知道撤销事由之日起一年内行使撤销权的时间限制,应该得到法院的支持。即法院应该应当事人的请求,对此遗赠赡养协议予以撤销。

需指出的是,上述法院在审理中出现的三种不同意见,其不当之处在于:第一种观点忽视了孙某欺诈的事实,因而错误地认为,孙某与王某的遗赠赡养协议合法有效,王某不得随意请求解除合同,双方应当继续履行合同;第二种观点虽然注意到孙某对王某欺诈的问题,但对因欺诈而订立的合同的效力认识错误,因而认定该合同应当无效的结论不当;第三种观点认识到了孙某虽然有对王某的欺诈行为,但对因欺诈导致当事人意思表示不真实的问题缺乏认识,因而错误地认为欺诈对遗赠赡养协议的成立没有任何影响,所以得出该遗赠赡养协议应当有效的不当结论,只是出于该种协议具有人身性质的认识,才认为"王某得终止该合同",并无充分的法律依据。

【案例七】 预期违约请求权与不安抗辩权的法律适用

一、案情简介[①]

2005年10月,某服装厂与某商场签订了一份买卖合同,双方约定服装厂于2006年5月1日前交付西装1 000套,商场在收到西装后2个月内,支付货款50万元。合同订立后,服装厂即着手进行生产,至2006年3月底已生产西装800套。此时,服装厂得到消息:商场经营出现危机,该商场为避债已将现有资金进行了转移。服装厂于2006年4

---

① 案例来源:刘欣. 本案应适用预期违约请求权还是不安抗辩权 [EB/OL]. [2010-05-04]. 中国法院网,http://www.chinacourt.org/public/detail.php? id=269133.

月诉至法院，要求解除与商场的买卖合同。

对此案，在审理中有两种意见。第一种意见认为：某商场抽逃转移资金的行为使其丧失了履约能力，此行为明确表示其不向服装厂履行合同，构成预期违约，对服装厂解除合同的要求应予支持。第二种意见认为：某服装厂应依法行使不安抗辩权，不应要求解除合同。

二、思考与练习

1. 何为不安抗辩？何为预期违约？
2. 本案应适用预期违约请求权还是不安抗辩权？

三、分析与评点

（一）预期违约和不安抗辩权的关系

预期违约，即先期违约，是一项起源于英美法系的违约救济制度，包括明示毁约与默示毁约两种情况。前者指在履行期限届满之前，当事人一方明确表示不履行主要债务的情形；后者指在履行期限届满之前，当事人以自己的行为表明其将不履行主要债务的情形。明示毁约一般认为应具备如下条件：须发生在合同生效后履行期限届满之前这段时间；当事人一方明确肯定地向对方表示其将违约；当事人一方向对方提出的违约表示须为不履行合同的主要义务；毁约没有正当理由。对于明示违约，守约方可以即行要求对方承担违约责任，亦可待履行期届满而按实际违约得到救济。对于默示毁约，因其不具有明示毁约之毁约方明确肯定的毁约表示，因此，按《美国统一商法典》第二条至第六百零九条的规定，其须当事人"有合理理由认为对方不能正常履行"合同主要义务；而按《联合国国际货物买卖公约》第七十一条规定，对方履行义务的能力有缺陷、债务人的信用有严重缺陷、债务人在准备履行合同或履行合同中的行为表明他将不会或不能履约。显然，《联合国国际货物买卖公约》规定的条件比《美国统一商法典》的规定更为具体。一般认为，除应具备上述条件外，还需在当事人提出要求后，债务人在合理期限内未提供充分的担保，才构成默示毁约。在构成默示毁约的情形中，债权人享有与明示毁约同样的救济权利和措施。可见，预期违约制度，使一方当事人在另一方当事人出现一定情形而有理由相信其将会毁约时，可以得到法律的救济而不必等到履行期届满，这是诚实信用原则在合同法中的体现，具有充分的正当性。

我国《合同法》借鉴了英美法系的预期违约制度，并在《合同法》第九十四条第二项规定，"在履行期限届满之前，当事人一方明确表示或者以自己的行为表明不履行主要债务，对方可以要求解除合同"。第一百零八条规定，"当事人一方明确表示或者以自己的行为表明不履行合同义务的，对方可以在履行期限届满之前要求其承担违约责任"。这里规定的"在履行期限届满之前，当事人一方明确表示不履行主要债务"，即为明示毁约；而"在履行期限届满之前，当事人以自己的行为表明不履行主要债务"，即为默示毁约。

不安抗辩权是大陆法系国家确定的一项合同履行制度。其基本含义是指，双务合同一方当事人依合同约定应先为给付，在对方当事人有难为做出对待给付之虞时，有权拒绝先为给付。不安抗辩权制度是为平衡当事人之间的利益而赋予先履行合同义务一方在对方可能难为对待给付时的拒绝履行权。一般来说，不安抗辩权的适用应具备下列条件：须为双务合同并互负债务；一方应先为给付；后履行方有难为对待给付之虞。通常情况，既为利益平衡而为之制度，倘若后履行合同义务一方难为对待给付的情形消除，或为将来的给付提供了有效担保，则先履行合同一方"不安"而拒绝履行的条件消失，应恢复对合同的履行。

我国《合同法》第六十八条和第六十九条的规定确立了不安抗辩权。《合同法》第六十八条规定，"应当先履行债务的当事人，有确切证据证明对方有下列情形之一的，可以中止履行：（一）经营状况严重恶化；（二）转移财产、抽逃资金，以逃避债务；（三）丧失商业信誉；（四）有丧失或者可能丧失履行债务能力的其他情形"；"当事人没有确切证据中止履行的，应当承担违约责任"。第六十九条规定，"当事人依照本法第六十八条的规定中止履行的，应当及时通知对方。对方提供适当担保时，应当恢复履行。中止履行后，对方在合理期限内未恢复履行能力并且未提供适当担保的，中止履行的一方可以解除合同"。

从以上分析和法律条款的规定，我们可以看出，不安抗辩权与预期违约之默示毁约两个制度有其相似之处：一是两种制度均在债务履行期到来之前，债务人虽未明示但有证据表明其即便在债务到期之时有不为或不能履行之情形；二是在救济手段上，二者均可中止甚至解除合同；三是在提供有效担保的情况下，二者均无适用余地。当然，我们也可看到二者的不同之处：一是不安抗辩权是以当事人履行合同债务有先后顺序之分为前提，而默示毁约则无此要求；二是不安抗辩权的行使是以后履行方责任财产明显减少甚或破产而致其有难为给付之虞，而预期违约则不限于此，其适用范围似乎要宽泛得多。当然，有学者认为，我国《合同法》规定的默示毁约不完全等同于英美法系的默示毁约，其强调当事人主观上拒绝履行合同，而不包括其客观上不能履行合同的情形。即我国《合同法》实际上将由传统默示毁约调整的情形一分为二：主观上不履行合同的由默示毁约调整；客观上不能履行合同的，由不安抗辩权制度调整。主观上不履行合同以毁约行为表现出来，而这种行为作出后又具有客观性，此时应允许当事人选择适用默示毁约或不安抗辩权。[①]

（二）对本案的处理意见

由以上分析可见，正确认识某商场的行为是否构成预期违约之默示毁约是解决本案法律适用的关键所在。本案中，某商场并未明确表示不履行合同，而是以"将现有资金

---

① 参见：王利明. 合同法要义与案例析解 [M]. 北京：中国人民大学出版社，2001：239-240.

进行了转移"的行为表明其可能不履行合同,具有其主观上不履行合同的外在表征,可能导致当事人最终根本违约,这似乎符合默示毁约的表面特征。同时,其行为似乎也符合《合同法》第六十八条规定当事人"经营状况严重恶化;转移财产、抽逃资金,以逃避债务"的情形,这与不安抗辩权适用条件相符。因此,似乎符合上述当事人选择适用默示毁约或不安抗辩权的结论。

那么,本案是适用预期违约请求权,还是适用不安抗辩权呢?我们认为,应视具体情况分析。在本案中依据双方签订的买卖合同,服装厂负有先履行合同的义务,某商场转移资金的行为,导致的结果是可能使其责任财产明显减少而对将来合同之履行不利,但并非一定会根本违约,因此,更符合不安抗辩的特点,直接适用预期违约未必妥当,此其一;其二,不仅某商场转移资金的行为确有可能引起不能履约的客观情况发生,使先履行合同的服装厂对其将来履行合同的能力产生"不安",而且负有先履行合同义务的服装厂,在发现商场存在转移财产、抽逃资金的情况下,行使不安抗辩权而中止履约,要求对方在一定期限内提供担保。若某商场未能在合理期限内恢复履行能力或提供担保,则可行使合同解除权,解除合同并可主张违约赔偿。这样不但为服装厂的利益提供了保障,而且当事人之间的利益也能得到较好的平衡。

因此,基于上述理由,本案适用不安抗辩权应该更为合理。

【案例八】 履行瑕疵的违约责任

一、案情简介[①]

上诉人张桂英与上诉人宽甸满族自治县市政建设管理处、被上诉人宽甸满族自治县宽甸镇西门外村村民委员会关于房屋拆迁合同给付动迁补偿款纠纷一案,辽宁省宽甸满族自治县人民法院于2006年12月19日作出一审判决,上诉人张桂英、上诉人宽甸满族自治县市政建设管理处不服该判决,向丹东市中级人民法院提起上诉。一审法院经审理查明:1994年因修建201国道,原宽甸镇城南村的部分村民需要动迁,同年7月1日,原告张桂英与被告宽甸满族自治县市政建设管理处达成动迁协议,约定被告宽甸满族自治县市政建设管理处动迁原告张桂英两处住房,补偿款额为49 766.25元。协议签订当日,由被告宽甸满族自治县市政建设管理处工作人员蔡某执笔书写了动迁户收到动迁款的收据,并签了原告张桂英的姓名,原告张桂英在此收据上盖章。收据写明:"张桂英

[①] 案例来源:张桂英诉宽甸满族自治县市政建设管理处、宽甸满族自治县宽甸镇西门外村村民委员会房屋拆迁合同给付动迁补偿款纠纷上诉案//辽宁省高级人民法院案例指导:1辑. 北京:人民法院出版社,2009:204-211.

收到动迁款49 766.25元",收据左上角注明"扣旧料976元、征地费7 000元"。同年7月6日,原告张桂英从建设银行领取了扣除上述两项款的后余款41 790.75元。1995年,原告张桂英从其他途径得知县政府对动迁有优惠政策、被告宽甸满族自治县市政建设管理处不应扣除征地费7 000元,即到有关部门上访要求解决。此后,城南村委会、宽甸县政府、县城乡建设局及被告宽甸满族自治县市政建设管理处均不同程度地予以协调,并作出书面答复,但未能解决实质问题。

另查明:1994年4月19日,县政府为此次动迁召开了常务会议,会上听取了市政处处长邵兴臻介绍的铁西动迁摸底情况后,形成了一份《常务会议纪要》,其中对动迁安置优惠政策方面,规定动迁户个人征地建房时有关部门不收取有关的征地费用。

又查明:1994年6月14日,被告宽甸满族自治县市政建设管理处与城南村达成代扣征地费协议,约定每户扣除7 000元。同年7月6日被告宽甸满族自治县市政建设管理处代扣了原告张桂英7 000元的征地费,连同其他21户的征地费共计154 000元,并于同年7月14日转给了城南村。再查明:2003年9月20日,根据省政府规定,城南村被撤村并屯,原告张桂英居住的原城南村一组并入宽甸县宽甸镇西门外村。

在一审时,原告张桂英诉称,1994年因修建201国道与被告达成动迁协议补偿款额为49 766.25元,但被告在发放补偿款时以征地费名义扣除7 000元,被告未按约履行协议,应承担违约责任,请法院判令被告除继续履行协议并补发扣除的款项,同时承担违约金1万元和本案诉讼费。

被告宽甸满族自治县市政建设管理处辩称:我处与张桂英签订协议后,已经依约支付了动迁补偿费,我处与城南村签订代扣协议是依法而行,并无不当;况且代收的征地费共计154 000元已转给了城南村,原告诉讼主体有误;原告向我处交付代扣的征地补偿费是自愿的,原告的请求于法无据,请人民法院依法予以驳回。

一审法院经审理认为,原被告双方签订的动迁补偿协议合法有效,受法律保护;本案原告在领取动迁补偿费(扣除其征地费7 000元后的余款)后,双方的协议履行完毕。被告在明知县政府对动迁有优惠、不收取建房征地费的情况下,仍与城南村私自达成的代扣协议对原告张桂英不具有约束力,被告宽甸满族自治县市政建设管理处的行为侵犯了原告张桂英的权利,其代扣行为无效,被告宽甸满族自治县市政建设管理处应对其侵权行为承担返还的民事责任。一审法院据此作出判决:被告宽甸满族自治县市政建设管理处于本判决生效之日起5日内,返还原告张桂英人民币7 000元,驳回张桂英其他诉讼请求。

上诉人张桂英不服一审判决,提起上诉,请求撤销一审判决第二项,依法改判由上诉人宽甸满族自治县市政建设管理处赔偿其经济损失1万元。上诉人宽甸满族自治县市政建设管理处辩称,由于上诉人张桂英没有证据证明其经济损失1万元的事实存在,且没有相关法律予以规定,故应驳回张桂英的诉讼请求。

二审期间,有新证据显示,1999年1月11日,张桂英从城南村委会领取了2 800

元动迁补偿款，二审法院认定其为退还的代扣征地费。二审法院经审理认为，合同相对人之间应当按照合同约定履行合同义务，若一方当事人履行合同存在瑕疵，则应向另一方当事人承担违约责任。本案上诉人张桂英与上诉人宽甸满族自治县市政建设管理处之间签订了房屋动迁补偿协议，该协议具有法律效力，应当受法律保护。上诉人宽甸满族自治县市政建设管理处在明知县政府对动迁实行免收征地费的优惠政策的情况下，仍向不知情的上诉人张桂英扣收7 000元征地费，属于履行动迁协议存在瑕疵，故其应当继续履行合同义务，并承担违约责任。对于上诉人宽甸满族自治县市政建设管理处主张其代扣行为是受原城南村委托扣收的征地费，该笔款项也已划到城南村账户，故该笔款项应由城南村返还的主张，因依据现有证据无法证明上诉人张桂英在与上诉人宽甸满族自治县市政建设管理处签订动迁补偿协议时，知晓上诉人宽甸满族自治县市政建设管理处是受城南村委托的代扣行为，即使上诉人张桂英事后知道其系授权所为，上诉人张桂英依据双方补偿协议，选择宽甸满族自治县市政建设管理处作为义务人向其主张权利也符合法律规定。上诉人宽甸满族自治县市政建设管理处向张桂英承担合同义务后，可以向原城南村的债务承担者进行追偿。对于张桂英主张以银行同期贷款利率计算损失的请求，法院认为在双方当事人签订协议时可预见到的最低损失为未履行部分的银行存款收益，因此不支持其请求。据此，二审判决上诉人宽甸满族自治县市政建设管理处于本判决生效之日起5日内，返还上诉人张桂英4 200元，并支付损失赔偿金（按同期银行活期存款利息计）3 417元。

二、思考与练习

1. 侵权与违约有何区别？
2. 如何评价本案的判决？

三、分析与评点

（一）违约与侵权的区分

依《合同法》第一百零七条之规定，"当事人一方不履行合同义务或者履行合同义务不符合约定的，应当承担继续履行、采取补救措施或者赔偿损失等违约责任"。换言之，违约责任即当事人一方不履行合同义务或者履行合同义务不符合约定的，应当承担的民事责任。侵权行为指当事人因实施侵权行为侵害他人民事权益而应承担的民事法律后果。违约责任和侵权责任的最明显的区别在于：违约责任的前提是当事人之间存在合同关系，使相对人之间对于合同不履行或履行不符合约定的应承担相应的民事责任；而侵权责任则在侵权行为发生之前，行为人与受害人之间并不存在具体的法律关系，只有在侵权行为发生后，双方当事人之间才发生损害赔偿的债权债务关系。同时，在归责原则上，二者也存在明显差异。侵权行为一般是以过错责任为原则，只有法律明确规定不以过错为要件者，要求行为人承担侵权责任才不考虑行为人的过错；而违约责任则以无过错责任为原则,只有法律规定应考虑过错者,才在追究其违约责任时顾及当事人的过错;等等。

本案中,当事人之间早有动迁补偿协议,如果该协议不属于无效的情形,其效力应受法律保护。换言之,作为负有给付义务的一方,当事人宽甸满族自治县市政建设管理处应依照合同约定将补偿款额为 49 766.25 元的动迁补偿款给付到位。其虽为给付,但又按其与城南村的合同约定扣除 7 000 元。这里需要注意的是,作为政府部门的宽甸满族自治县市政建设管理处,在明知县政府对该起动迁有优惠政策、城南村无权收取征地费的情况下与之签订代扣协议,该协议的效力值得商榷,此其一;其二,即便宽甸满族自治县市政建设管理处与城南村之间存在代扣协议,在张桂英不知情的情况下,城南村的委托对张桂英而言也不具有约束力。因此,宽甸满族自治县市政建设管理处直接予以扣除的"征地费"7 000 元,是对原动迁协议的违反,应对张桂英承担责任。

(二) 本案两审判决的启示

本案一审判决一方面认定,原被告双方签订的动迁补偿协议合法有效,受法律保护;另一方面,又认为被告在明知县政府对动迁优惠不收取建房征地费的情况下,与城南村私自达成的代扣协议对原告张桂英不具有约束力,其代扣行为无效,被告宽甸满族自治县市政建设管理处的代扣行为是侵权行为。这里其实忽视了当事人之间的协议对双方当事人的约束力。既然承认其代扣行为无效,就应该承认其履行合同不符合约定,即存在履行的瑕疵,这是典型的违约行为,而非侵权行为。这种对行为人行为定性的不准确直接导致其法律适用的错误。因此,二审法院对其改判是有道理的。二审法院对当事人之间合同的确认以及对一审被告(上诉人)宽甸满族自治县市政建设管理处履行合同瑕疵的认识清楚,是其作出正确判决的关键。

从本案中我们可以得到如下启示:一是合同应得到全面履行,不履行的应当承担违约责任,不完全履行或有履行瑕疵的亦应承担违约责任;二是应当重视和正确认识合同的相对性。本案中,张桂英和宽甸满族自治县市政建设管理处是动迁补偿合同的当事人,其权利、义务和责任均具有相对性,因此,如果其扣款行为没有正当的权力来源,即构成对合同的违反,即便其与原城南村订有代收款协议,如果张桂英不知情,此协议也仅在其与原城南村之间发生效力,对张桂英不具约束力,所以张桂英要求其承担还款并赔偿损失是合理的;三是正确区分违约与侵权行为,因为二者不仅仅是法律构成上有差异,更重要的是涉及当事人的法律义务、举证责任等对当事人利益影响巨大的现实问题。

总之,只有准确的对案件事实定性,才能正确适用法律,才能平衡当事人之间的利益、公正地解决纠纷。

第九章 劳动合同法

【案例一】 雇佣关系与劳动关系

一、案情简介[①]

2007年11月，王某受聘为南京某建材有限公司法定代表人、公司老板李某开车，月工资1 200元，没有签订劳动合同。该公司系民营企业，车辆行驶证上登记的车主为其老板李某。2008年3月26日上午9时许，王某受老板李某的指派开车送人去安徽芜湖，途中发生交通事故，造成王某本人受伤，交警部门认定驾驶员王某负事故的全部责任。同年4月1日，王某申请劳动仲裁，要求确认与南京某建材有限公司之间存在劳动关系。5月10日，劳动争议仲裁委员会作出裁决，驳回王某的申请。王某不服仲裁裁决，于5月16日向法院提起诉讼。

二、思考与练习

1. 雇佣关系和劳动关系的区别是什么？
2. 哪些职业工作者不受《中华人民共和国劳动合同法》（以下简称《劳动合同法》）的保护？
3. 李某与南京某建材有限公司之间是否存在劳动关系？是否应当按照《中华人民共和国劳动法》（以下简称《劳动法》）、《劳动合同法》审理本案？

三、分析与评点

（一）雇佣关系和劳动关系的区分

我国《劳动法》第十六条规定："劳动合同是劳动者与用人单位建立劳动关系、明

[①] 本案例为江苏省南京市雨花台区人民法院审理，选自《人民法院报》2009年6月15日。

确双方权利和义务的协议。"这一规定,被我国劳动法理论界和司法机关认为是劳动合同的定义。我国台湾著名法学家史尚宽先生对劳动契约的表述为:"劳动法(亦称劳工法)上之劳工契约,谓当事人之一方对于他方存在从属的关系,提供其职业上之劳动力,而他方给付报酬之契约乃为特种之雇佣契约,可称为从属性契约。"雇佣合同,我国法律没有对其进行明确规定。但是,大陆法系各国一般都对雇佣合同有明确规定,例如《法国民法典》《德国民法典》《日本民法典》《瑞士民法典》,另外,英美法系国家中的英国也有成文法对雇佣合同进行规定。从广义的角度来看,劳动合同是雇佣合同社会化的体现,是雇佣合同随着社会经济和大工业工厂的发展导致其意思自治被弱化而法律强制被扩增的衍生物。①

只有把握好劳动关系与雇佣关系的区别,才能正确区分工伤损害赔偿与受雇人人身损害赔偿,才能正确适用法律、切实保证劳动者的合法权益。然而,由于劳动关系是从雇佣关系发展而来的,两者极易产生混淆。

一般而言,劳动关系和雇佣关系有以下不同:

(1)主体范围不同。雇佣关系主体范围相当广泛,凡平等主体的公民之间、公民与法人、其他组织之间均可形成雇佣关系。劳动关系主体具有单一性,即一方只能是劳动者个人,另一方只能是用工单位。我国《劳动合同法》第二条规定:"中华人民共和国境内的企业、个体经济组织、民办非企业单位等组织与劳动者建立劳动关系,订立、履行、变更、解除或者终止劳动合同,适用本法。国家机关、事业单位、社会团体和与其建立劳动关系的劳动者,订立、履行、变更、解除或者终止劳动合同,依照本法执行。"

(2)形式不同。根据《劳动法》第十九条和《劳动合同法》第七条、第十条的规定,建立劳动关系必须签订书面劳动合同。劳动合同须以国家法定的工资、劳动时间、劳动保护、社会保障等条款为内容,但劳动者与用人单位之间未签订书面合同而形成事实劳动关系的,仍应认定劳动关系存在。

(3)当事人双方权利、义务不同。劳动关系中,劳动者的整个劳动提供是在与用人单位的从属关系中进行。在雇佣关系中,尽管受雇人在一定程度上也要接受雇用人的监督和支配,但人身的依附程度没有前者强。

(4)国家干预的力度不同。劳动关系中,除了体现双方当事人的意志外,国家对劳动合同的签订与解除、劳动者的工资、劳动保障、社会保险、社会福利等方面也作了强制性规定,体现了国家意志。可以说劳动关系兼具国家意志与当事人意志的双重属性。而雇佣关系中,只要雇用人与受雇人双方意见达成一致,雇佣合同即告成立。其相互间的权利义务比如劳动报酬等内容是通过双方的自由协商来确立的,贯彻的是私法中的"契约自由"精神。

(5)解决争议的方式不同。雇佣合同作为民事合同,由人民法院或仲裁机构按一般

---

① 欧阳山城,吴静. 劳动合同纠纷与雇佣合同纠纷辨析[N]. 人民法院报,2009-06-15.

民事程序处理；劳动合同不经过劳动争议仲裁机构处理，人民法院不予受理。

（二）哪些职业工作者属于雇佣关系，但不属于劳动关系，不受劳动法保护？

（1）非法窑主非法使用童工，"资"与"劳"方均属于非法。而劳动合同法的调整范围必须是合法用人单位和劳动者。

（2）保姆。我国有人数达1 500万的保姆，因为雇主不是"用人单位"，保姆无法得到保护。

（3）保险推销员。因为整个寿险行业的人事制度是"代理制"，而非雇员制——绝大多数寿险营销员不是公司职员，他们只是一头联系着保险公司，一头联系着被保险人的"中介"。

（4）自由职业者。往往与对方形成雇佣关系甚至加工承揽关系，而非劳动关系。

（三）本案是否应当认定王某与南京某建材有限公司之间存在劳动关系？

首先，李某作为南京某建材有限公司的法定代表人，其行为是在履行职务，代表南京建材有限公司而并非个人行为。王某为李某开车，在正常工作时间内受李某指派，在李某的安排下工作并获取相应的报酬，受益的是建材公司而并非李某个人。

其次，认定劳动关系可以最大限度地保护劳动者权益。在现行法律框架下，承认王某与建材公司之间的劳动关系，则可以认定王某开车发生交通事故时在工作时间因工作原因受到的事故伤害，属于工伤，应当享受工伤保险待遇。在民事赔偿不足的情况下，有利于保护弱势群体的利益。

最后，应当看到，由于车辆登记在李某名下，双方之间不存在书面民事合同，又没有工资单等客观证据，本案王某证明自己的劳动关系举证存在一定的困难。因此，劳动者在建立劳动关系时应当树立法律意识，保护自己权利。

【案例二】 当事人的如实陈述与招工条件的解释

一、案情简介[①]

原告：李林珍。被告：中国银行桐庐县支行。1987年3月，原告因摔伤被摘除右肾。1993年8月初，原告得知被告招工即报了名。8月16日，原告经被告目测合格。8月20日，原告由被告组织到医院进行体检，体检结论为"健康"。体检时原告未向医生说明自己右肾被摘除，医院也没有检查出来。8月23日，原告参加了被告组织的对体检合格人员进行的培训。8月28日，被告分配原告到其所属的横村办事处从事实习会计工

---

① 本案例摘自：最高人民法院中国应用法学研究所. 人民法院案例选//民事卷. 1992—1999年合订本. 北京：中国法制出版社，2000：1699.

作。9月1日,原告、被告签订了一份劳动合同,合同内容包括:合同期五年(自1993年9月1日至1998年8月31日);工种为业务;实行六个月试用期;合同期间,有符合国务院发布的《国家企业实行劳动合同制暂行规定》第十二条情况的,被告可以提出解除劳动合同等。该合同经原告、被告双方签字、盖章,并经桐庐县劳动局劳动争议仲裁科鉴证后生效。12月中旬,被告知悉原告右肾摘除,遂派人员带原告到医院做B超检查是否属实。1994年2月24日,被告以原告右肾摘除,存在严重身体缺陷,不符合中国银行浙江省分行制定的《招工、招干、调入人员及新职工转正的暂行规定》中有关身体方面的录用条件为由,作出桐中银(1994)第8号关于解除李林珍劳动合同的决定。原告不服被告的决定,于同年8月11日向桐庐县劳动争议仲裁委员会申请仲裁。该委员会经对该案审理后,于同年12月6日作出桐劳仲案字(1994)第01号仲裁裁决书,维持被告对李林珍解除劳动合同的决定。李林珍对裁决不服,于同年12月21日向桐庐县人民法院提起诉讼。

桐庐县人民法院审理后认为:原告、被告签订的劳动合同符合有关规定,是合法有效的。原告因摔伤被摘除右肾,但其身体状况未达到严重缺陷的程度,且原告在试用期内身体是健康的,身体状况能胜任被告分配的业务工种。所以,应认定原告是符合被告对新招收职工身体方面的录用条件的,被告认为原告存在严重身体缺陷的理由不能成立。被告上诉后,杭州市中级人民法院审理后认为:中国银行桐庐县支行与李林珍签订的劳动合同符合有关规定,应认定合法有效;李林珍因外伤被摘除右肾系事实,但身体并未达到严重缺陷的程度,仍能适应其所担负之工作;原审法院依法所作的判决并无不当;中国银行桐庐县支行之上诉理由和请求,依法不予支持。

二、思考与练习

1. 招工过程中,法律如何规定用人单位和劳动者相互的如实陈述义务?如何防止用人单位在招工过程中滥用权力?

2. 本案法院审理的方法和判断的基本原则是什么?

三、分析与评点

(一)招工过程中用人单位和劳动者的如实陈述义务

1. 用人单位的告知义务

由于我国劳动力市场供求关系不平衡,用人单位往往处于相对强势的地位,不能平等地对待求职者。因此,用人单位对劳动者的如实告知义务,体现在用人单位招用劳动者时,应当如实告知劳动者工作内容、工作条件、工作地点、职业危害、安全生产状况、劳动报酬,以及劳动者要求了解的其他情况。这些内容是法定的并且是无条件的,无论劳动者是否提出知悉要求,用人单位都应当主动将上述情况如实向劳动者说明。除此以外,对于劳动者要求了解的其他情况,如用人单位相关的规章制度,包括用人单位内部的各种劳动纪律、规定、考勤制度、休假制度、请假制度、处罚制度以及企业内已经签订的集体合同等，用人单位都应当进行详细的说明。

2. 劳动者的告知义务

劳动者的告知义务是附条件的，只有在用人单位要求了解劳动者与劳动合同直接相关的基本情况时，劳动者才有如实说明的义务。劳动者与劳动合同直接相关的基本情况包括健康状况、知识技能、学历、职业资格、工作经历以及部分与工作有关的劳动者个人情况，如家庭住址、主要家庭成员构成等。

用人单位与劳动者双方都应当如实告知另一方真实的情况，不能欺骗。如果一方向另一方提供虚假信息，将有可能导致劳动合同无效。

（二）本案法院做出判断依据的基本原则

本案中被告提出原告不符合录用条件的根据，是中国银行浙江省分行制定的《招工、招干、调入人员及新职工转正的暂行规定》第一条第二款第（三）项规定，吸收录用的新职工在身体方面必须"无严重疾病和缺陷"。尽管招工单位的录用条件可以在不违反法律政策的前提下，由招工单位自行确定并予以解释，但一旦发生纠纷，这种解释应属单方解释，是站在诉讼一方的解释。因此，本案中认定缺少右肾是否属于严重身体缺陷，必须由受案法院综合各方面的情况予以认定。法院在这个问题上实际采用了追求实质目的的方法和具体情况判断的原则，从其工种性质和要求看出了被告要求的身体条件的实质目的，是为了所招收的合同工能胜任正常工作、具有正常工作的能力。而原告在试用期间的身体状况，以及法医鉴定结论、可以参考的间接依据，都说明原告缺一肾不属于严重身体缺陷，完全能够胜任工作。这说明，这种情况不会影响该人的正常生活、学习及社会活动能力，将来也不会影响其工作能力。从而根据鉴定结论，结合原告在试用期内身体健康，身体状况能胜任被告分配的业务工种的情况，认定原告符合被告对新招收职工身体方面的录用条件，判决撤销被告解除原告劳动合同的决定，被告与原告继续履行劳动合同，这样处理是慎重的、稳妥的，也是有事实和法律依据的。

【案例三】竞业禁止条款及其约束力

一、案情简介①

原告：王云飞

被告：施耐德电气（中国）投资有限公司上海分公司

---

① 本案例选自：王云飞诉施耐德电气（中国）投资有限公司上海分公司劳动争议纠纷案. 最高人民法院公报，2009（11）：39.

原告王云飞于2005年8月29日到被告施耐德上海分公司工作，双方签订了劳动合同，原告的工作地点在江苏省南京市。同日，双方签订了《保密和竞业禁止协议》，该协议约定：竞争业务是i公司或其关联公司从事或者计划从事的业务与ii公司或者关联公司所经营的业务相同、相近或相竞争的其他业务；竞争对手是除公司或其关联公司外从事竞争业务的任何个人、公司、合伙、合资企业、独资企业或其他实体，包括Phoenix Rockwell Automation、Rittal等公司；区域是中华人民共和国境内。披露禁止是指雇员应对公司保密信息严格保密，在其与公司的聘用关系解除时不得以任何方式删改、锁定、复制保密信息，并应立即向公司返还所有保密信息及其载体和复印件；雇员同意在公司解除期间及其解除与公司的雇佣关系五年内，不以任何方式向公司或其关联公司的任何与使用保密信息工作无关的雇员、向任何竞争对手或者为公司利益之外的任何目的向任何其他个人和实体披露公司任何保密信息的全部或部分，除非该披露是法律所要求的。竞业禁止是指雇员承诺在解除与公司的雇佣关系一年内，不得在区域内部直接或者间接地投资或从事与公司业务相竞争的业务，或成立从事竞争业务的组织，或者向竞争对手提供任何服务或向其披露任何保密信息，不得正式或临时受雇于竞争对手或作为竞争对手的代理或代表从事活动。公司同雇员签订的劳动合同终止或者解除后，作为对雇员遵守披露禁止和竞业禁止承诺的经济补偿，公司将向雇员支付相当于其离职前一个月基本工资的竞业禁止补偿费；如雇员违背本合同义务，公司有权要求雇员停止侵害，解除与竞争对手的劳动、雇佣关系，并向公司赔偿相当于竞业禁止补偿费三倍的违约金。

2007年4月30日，原告王云飞从被告施耐德上海分公司处离职。被告称其于2007年7月7日得知原告在菲尼克斯公司工作。被告认为菲尼克斯公司与其存在业务竞争关系，原告离职后到菲尼克斯公司工作的行为违反了双方签订的《保密和竞业禁止协议》中确定的竞业禁止义务。2007年7月17日，被告向上海市普陀区劳动争议仲裁委员申请劳动仲裁，要求原告承担竞业禁止违约金66 600元，并继续履行双方约定的竞业禁止义务。2007年9月20日，上海市普陀区仲裁委员会裁决原告承担竞业禁止违约金66 600元，但施耐德上海分公司的其他请求不予支持。原告不服该仲裁裁决，于2007年9月25日提起本案诉讼。

南京市鼓楼区人民法院于2007年12月14日判决：

一、原告王云飞与被告施耐德上海分公司签订的《保密和竞业禁止协议》中约定的竞业禁止条款无效；

二、被告施耐德上海分公司要求原告王云飞支付违约金的诉讼主张不成立，不予支持。

一审宣判后，双方当事人在法定期间内均未提出上诉，一审判决已经发生法律效力。

二、思考与练习

1. 用人单位是否能够在劳动合同中约定"竞业禁止条款"？根据劳动合同法的规

定，竞业禁止条款必须符合哪些条件？

2. 本案中法院宣布竞业禁止条款无效的主要理由是什么？

三、分析与评点

（一）用人单位是否能够在劳动合同中约定"竞业禁止条款"？根据劳动合同法的规定，竞业禁止条款必须符合哪些条件？

竞业禁止是指负有特定义务的劳动者从原用人单位离职后，在一定期间内不得自营或为他人经营与原用人单位有直接竞争关系的业务。根据有关法律、行政法规的规定，用人单位与负有保守商业秘密义务的劳动者，可以在劳动合同或者保密协议中约定竞业禁止条款，同时应约定在解除或者终止劳动合同后，原用人单位给予劳动者一定的竞业禁止经济补偿。《劳动合同法》第二十三条规定：用人单位与劳动者可以在劳动合同中约定保守用人单位的商业秘密和与知识产权相关的保密事项。

对负有保密义务的劳动者，用人单位可以在劳动合同或者保密协议中与劳动者约定竞业限制条款，并约定在解除或者终止劳动合同后，在竞业限制期限内按月给予劳动者经济补偿。若劳动者违反竞业限制约定，则应当按照约定向用人单位支付违约金。

由于竞业限制的实施客观上限制了劳动者的就业权，进而影响了劳动者的生存权，故其存在仅能以协议的方式确立。比如，竞业限制的范围、地域、期限由用人单位与劳动者约定。尽管用人单位因此支付一定的代价，但一般而言，该代价不能完全弥补劳动者因就业限制而遭受的损失。因此，为了保护劳动者的合法权益，法律在强调约定的同时对竞业限制进行了必要的限制。《劳动合同法》第二十四条规定，竞业限制的人员限于用人单位的高级管理人员、高级技术人员和其他负有保密义务的人员；竞业限制的范围、地域、期限由用人单位与劳动者约定，竞业限制的约定不得违反法律、法规的规定；在解除或者终止劳动合同后，前款规定的人员到与本单位生产或者经营同类产品、从事同类业务的有竞争关系的其他用人单位，或者自己开业生产或者经营同类产品、从事同类业务的竞业限制期限，不得超过二年；未约定给予劳动者竞业禁止经济补偿，或者约定的竞业禁止经济补偿数额过低、不符合相关规定的，该竞业禁止条款对劳动者不具有约束力。

（二）本案中法院宣布竞业禁止条款无效的主要理由是什么？

本案南京市鼓楼区人民法院审理认为，根据法律、行政法规以及地方性法规的规定，用人单位与负有保守商业秘密义务的劳动者，可以在劳动合同或者保密协议中约定竞业禁止条款，限定劳动者在离职后的一定期间内不得从事与用人单位存在竞争关系的业务，以保护用人单位的合法经营利益。但是劳动者通常都有一定的专业，其专业又往往与用人单位所经营的业务存在一定的联系，其求职就业要以本人专业为依托。劳动者从原用人单位离职后，为了个人及其家庭的生活需要，通常要寻求新的工作，如果履行竞业禁止义务，在一定期间内可能难以找到新的工作，因此会影响劳动者个人及其家庭的生活。

正是考虑到涉及劳动者个人及其家庭生活的实际问题，我国相关劳动法律、行政法规和地方性法规都明确规定，用人单位与劳动者在约定竞业禁止义务的同时，还应当约定在双方解除或者终止劳动合同后，由用人单位给予劳动者一定的竞业禁止经济补偿；没有约定竞业禁止经济补偿或者补偿数额过低、不符合规定的，竞业禁止协议没有法律约束力。本案中，原告王云飞与被告施耐德上海分公司签订的《保密和竞业禁止协议》所约定的竞业禁止经济补偿金仅为原告离职前一个月的基本工资，即使根据被告的陈述，其实际支付给原告的竞业禁止经济补偿金也仅是原告三个月的基本工资，仍低于《江苏省劳动合同条例》规定的标准。因此可以认定，涉案《保密和竞业禁止协议》中的竞业禁止条款对原告不具有约束力，即使原告从被告处离职后又到菲尼克斯公司工作的行为违反了该竞业禁止义务，原告亦不应承担违约责任。被告关于原告应按照实际领取的竞业禁止补偿金的三倍支付违约金的诉讼主张不成立，依法不予支持。

值得注意的是，《劳动合同法》并没有直接规定竞业禁止经济补偿金的下限。在2008年之后，本案对相关案件的审理有极大的借鉴作用。

【案例四】劳动者过错与用人单位的劳动合同解除权

一、案情简介[①]

原告：郭勇

被告：南阳市公共汽车公司

被告法定代表人：叶富安，公司经理

原告郭勇系南阳市公共汽车公司的售票员。2002年8月4日，郭勇在售票时发生差错，票款不符，相差1.6元。2002年8月5日，南阳市公共汽车公司依其内部制定的《票务管理实施细则》，对郭勇作出处理决定："除自愿上交违纪金5 000元外，降行政工资二级，并令其反省七日，写出深刻的书面检查和保证，签订二次上岗保证合同后，方予以酌情安置。逾期不办理有关手续（15天），其本人档案移交劳动局就业失业科，同时到公司人事科办理养老保险和计划生育迁出手续。"为此双方发生纠纷，郭通还申诉至南阳市劳动争议仲裁委员会，经争议仲裁委员会仲裁，驳回了郭勇的申诉。郭勇不服，向法院提起诉讼，请求法院判决：①撤销被告对其作出的处理决定；②补发原告的工资和生活费；③补交原告的社会保险金。被告南阳公共汽车公司认为对郭勇的处理，事实清楚、证据确实、程序合法、法律依据明确，故法院依法应予支持，请求依法驳回

---

① 本案例选自：北大法律信息网. http://vip.chinalawinfo.com/newlaw2002/SLC/SLC.asp?Db=fnl&Gid=117519497.

郭勇的诉讼请求。

二、思考与练习

1. 劳动者严重违反用人单位规章制度的，用人单位可以解除劳动合同。那么怎样才算是严重违规呢？法律法规对此有无具体规定？
2. 用人单位法律规章的制定应当符合哪些要求？
3. 本案处理的基本思路是什么？

三、分析与评点

（一）劳动者严重违反用人单位规章制度的，用人单位可以解除劳动合同。那么怎样才算是严重违规呢？

根据《劳动合同法》第三十九条的规定，劳动者有下列情形之一的："……（二）严重违反用人单位的规章制度的……用人单位可以解除劳动合同。"一般而言，用人单位规章制度，亦即用人单位内部劳动规则，是指企业根据国家国家有关法律法规和政策，结合本单位生产经营实际，制定的由单位行政权力保证实施的组织生产劳动和进行劳动管理的规则和章程。但对何谓严重违反用人单位的规章制度，以及如何判断用人单位依据规章制度解除劳动合同的行为是否合法，法律却没有作出明确界定。这就需要根据综合因素来判断了。一般认为应从主客观两个方面判断严重违反规章制度的程度。主观方面要求，劳动者对违反规章制度造成的后果是故意或重大过失的心理状态。对主观的心理的判断要结合客观的表现。比如，一定时期反复多次的旷工行为，屡教不改的行为等，显然有主观上的故意。客观上看，一是行为是否影响了工作的进行、工作秩序或者影响了工作任务的完成；二是是否给用人单位造成重大利益损失，包括实际的财产损失以及无形资产的损失等。不同时期，不同地区，不同行业，不同的用人单位，对重大损失的界定是千差万别的，所以不宜作统一的规定。①

（二）用人单位法律规章的制定应当符合哪些要求？

对用人单位规章制度的司法审查应同时包括以下几个方面的内容：一是规章制度的制定主体合法。规章制度只能由用人单位中有权实行全面和统一管理的行政管理机关依法起草制定。二是规章制度的内容不得违反宪法、法律法规，必须符合《劳动法》以及有关法律法规的规定。劳动者的劳动权是宪法赋予的基本权利，劳动者对基本权利的享有不是以丧失其他权利为代价的，宪法没有这样的规定，用人单位的规章制度更无权制

---

① 劳动部《关于〈劳动法〉若干条文的说明》第二十五条规定，严重违法劳动纪律的行为，可根据国务院于1982年颁布的《企业劳动者奖惩条例》等有关法规认定。根据《企业劳动者奖惩条例》，劳动者严重违反劳动纪律或用人单位制定的其他规章制度的情形主要包括：①违反劳动纪律，影响生产和工作秩序；②严重违反操作规程，损坏设备、工具；③浪费原材料、能源，给用人单位造成经济损失；④工作态度不好，服务态度很差，经常与顾客吵架，损害消费者利益；⑤不服从正常的工作调动；⑥盗窃、赌博、损公肥私、打架斗殴以及犯有其他严重错误等。但2008年《劳动合同法》颁布后，上述规定已经不再适应现代企业的情况，且过于原则化、抽象化，不便于操作。

定这样的规定。三是规章制度的制定必须有合法的程序。最高人民法院的司法解释将用人单位规章制度制定程序的民主性列为规章制度具有法律约束力的首要要件。用人单位的规章草案制定出来后，应广泛征求职工的意见，并吸收职工的合理意见进一步完善。在修改规章制度时也是如此。此外，内部规章制度还应当公示告知职工。

以上条件缺一不可，如果规章制度不合法，则直接判断不能作为审判的依据，企业的处分无效。

（三）用人单位没有出具解除劳动合同证明书，是否影响劳动合同的解除？本案处理的基本思路是什么？

本案中，南阳市公共汽车公司对郭勇作出处理决定的依据是其内部规章《票务管理实施细则》，该规定就票款不符是否为严重违纪行为，规定不一致，故不足以使法院将其作为判案依据。在这种情况下，可从量和质两个方面考虑乘务员的行为是否构成"严重违纪"。量主要考虑违纪次数，质主要根据用人单位性质判断损害大小。本案原告郭勇因工作失误，造成票款不符，所售票款比售出的车票多出 1.6 元，只是偶尔的一次工作失误，因未给单位造成经济损失，从一般性评判标准来看，不应构成严重违纪行为。南阳市公共汽车公司对郭勇作出的处理决定，实质是如果郭勇不上交 5 000 元违纪金即不再履行原有的劳动合同，该决定内容与劳动法规相抵触，应予以撤销。因此一审法院判决，作出如下判决：

（1）撤销被告南阳市公共汽车公司于 2002 年 8 月 5 日《关于对郭勇严重违反票务管理制度的处理决定》；

（2）被告南阳市公共汽车公司补发给郭勇自 2002 年 8 月 5 日起至恢复原告郭勇上班时止的生活费用每月 411.8 元和补交郭勇的社会保险金（按现行统一标准执行）。

二审法院维持了上述判决。

【案例五】用人单位迫使劳动者解除劳动合同且不出具解除劳动证明书的法律后果

一、案情简介[①]

原告：王春荣

被告：天津东星泰克机电有限公司

原告于 1994 年 6 月 5 日进入被告公司工作，双方最后一次签订劳动合同的期限为一

---

① 本案例选自：最高人民法院中国应用法学研究所. 人民法院案例选（月版），2009（3）：266.

年，即自2006年5月1日至2007年4月30日。按合同约定，原告从事生产管理工作，每天工作8小时。原告在被告公司工作期间的月平均工资为3 000元。

被告公司于1993年11月8日成立并定址开发区，2004年11月1日该公司迁址本市津南区，此后，公司为包括原告在内的职工提供上下班班车。2006年6月14日被告以公告的方式对公司管理者下班时间作出调整，规定管理者每天必须在20时30分后下班并自6月14日起实行，同时规定自6月18日起取消所有班车。同年6月23日，包括原告在内的六名职工就下班时间及取消班车问题与被告公司负责人进行交涉，但协商未果。此后双方再次协商仍未达成一致意见。6月28日，在其他职工与被告再次进行商议时，被告公司负责人在原告自行填写的辞职书"总经理"一栏中署名。原告在结算工资后没有再到被告公司上班。被告没有为原告出具解除劳动合同通知书，亦没有向原告支付经济补偿金。

二、思考与练习

1. 用人单位是否能够通过内部通知改变劳动合同内容？
2. 劳动者被迫解除劳动合同，用人单位是否应当承担经济补偿金？
3. 用人单位没有出具解除劳动合同证明书，是否影响劳动合同的解除？

三、分析与评点

（一）用人单位是否能够通过内部通知改变劳动合同内容？

根据《劳动合同法》第三十五条：若用人单位与劳动者协商一致，则可以变更劳动合同约定的内容；变更劳动合同，应当采用书面形式；变更后的劳动合同文本由用人单位和劳动者各执一份。这也意味着，在劳动合同没有特别规定的情况下，调整岗位作为合同变更的重要内容，须满足两个基本前提：①双方协商一致；②采取书面形式。二者缺一不可，用人单位若没有经过协商一致而单方调岗，员工有权拒绝。劳动合同应当按原约定继续履行。

本案中，法院认为，导致双方解除劳动合同的根本原因是东星公司规定王春荣等管理者必须每天在20点30分后下班，且东星公司取消了所有的班车，使王春荣在晚上20点30分下班后在无班车的情况下，要从单位所在地的津南区回到位于天津经济技术开发区的家中，第二天还要再从天津经济技术开发区回到津南区。如此规定，应该说东星公司并没有为职工的利益考虑，相反东星公司还规定了，如有不遵守者，视为自动解约处理。也就是说，面对着公司的规定、面临着按照公司规定执行所必然遇到的实际困难，王春荣等在与公司协商不成的情况下，只能按照公司所规定的以自动解约来解除双方的劳动合同关系，而无其他的方式或途径。这显然是有悖情理的，也是与我国的劳动法律规定不相符合的。这样看来，用人单位实际上擅自变更了劳动合同的内容，降低了劳动条件，致使劳动者被迫提出解约。这违反了《劳动合同法》关于变更劳动合同的相关规定。

(二)劳动者被迫解除劳动合同,用人单位是否应当承担经济补偿金?

用人单位根据《劳动法》第二十四条、第二十六条、第二十七条之规定,与劳动者解除劳动合同的,用人单位负有向劳动者支付经济补偿金的法定义务。那么劳动者提出与用人单位解除劳动合同,用人单位是否负有上述给付义务呢?依据劳动部1996年《关于实行劳动合同制度若干问题的通知》规定,劳动者主动提出解除劳动合同的,用人单位可以不支付经济补偿金。但本案的关键在于,虽然应当认定是王春荣主动提出的解约要求,但事实上这是在其应享有的劳动条件被无故剥夺的情况下提出的。因此,不加分析地适用劳动部上述通知的规定,显然有悖社会的公平正义。两审法院裁判依据的是最高人民法院2001年《关于审理劳动争议案件适用法律若干问题的解释》第十五条之规定,用人单位未按劳动合同约定支付劳动报酬或者提供劳动条件,迫使劳动者提出解除劳动合同的,用人单位应当支付劳动者经济补偿,并可支付赔偿金。因此,本案东星公司擅自改变已提供的劳动条件,导致王春荣被迫辞职,东星公司应依法承担向王春荣支付经济补偿金的责任。

(三)用人单位没有出具解除劳动合同证明书,是否影响劳动合同的解除?

为已经解除劳动合同的劳动者出具解除劳动合同证明书是用人单位的法定义务。《劳动合同法》第五十条规定:"用人单位应当在解除或者终止劳动合同时出具解除或者终止劳动合同的证明,并在十五日内为劳动者办理档案和社会社会保险关系转移手续。"这一条规定了劳动合同的后合同义务。所谓后合同义务是指合同关系消灭后,基于诚实信用原则的要求,缔约双方当事人依法应当附有某种作为或者不作为的义务,以维护给付效果,或协助对方处理合同终了的善后事务的合同附随义务。

本案的关键问题是,如果用人单位没有出具此证明书,是否就代表用人单位和员工之间并没有解除劳动关系呢?用人单位在与劳动者解除劳动关系时应出具终止、解除劳动合同证明书,这是用人单位的法定义务。如若用人单位没有正确地履行此项义务,也不能说明双方劳动关系就没有解除。就本案而言,自2006年6月23日至6月28日,双方当事人进行了几次协商,均未达成一致意见,王春荣在结算工资后未到公司上班,时间已达一年之久,东星公司对此应是明知的。因此,无论王春荣离开公司的行为是辞职还是辞退,东星公司均应知道王春荣与其事实上已不存在劳动关系。

第十章 企业法与公司法

【案例一】股权继承开始后作出修改公司章程的股东会决议的效力

一、案情简介[①]

上海良代有线电视有限公司（以下简称"良代公司"）于2003年7月9日制定的公司章程载明：公司由陶建平等44名股东共同出资设立，由陶建平担任法定代表人；股东之间可以相互转让全部出资和部分出资，股东的出资额可以依法继承。2005年1月17日陶建平因病去世，其第一顺序继承人之间达成协议，由陶建平之子陶冶一人继承陶建平所持有的良代公司43.36%的股份。2005年6月，良代公司召开股东大会，会议做出不同意陶冶成为公司股东的决议。同年8月29日，良代公司召开股东大会，会议做出公司章程修改决议。该章程规定：股东死后，继承人可以依法获得其股份财产权益，但不当然获得股东身份权等。陶冶遂诉至法院，要求良代公司将其记载于股东名册，并办理股东变更登记手续。

上海市虹口区人民法院经审理作出判决，支持原告的诉讼请求。良代公司不服，以一审法院适用法律错误为由，提起上诉。2006年8月14日，上海市第二中级人民法院做出终审判决：驳回上诉，维持原判。

二、思考与练习

1. 公司章程可否做出对股权继承的限制性规定？
2. 本次涉讼公司章程修改的股东会决议是否合法有效？

---

① 案例来源：[作者不详]. 陶冶诉上海良代有线电视有限公司股东权纠纷案 [N]. 人民法院报, 2006-09-07.

3. 原告陶冶可否取得良代公司的股东资格？

三、分析与评点

（一）公司章程可否做出对股权继承的限制性规定？

根据《公司法》第七十六条规定："自然人股东死亡后，其合法继承人可以继承股东资格；但是，公司章程另有规定的除外。"可见，只要公司章程没有另外规定，股东所享有的股权可以作为遗产被继承。继承人对股权的继承，应是全面概括的继承，既包括股权中的财产性权利，也包括其中的非财产性权利。这就赋予了公司在章程中自由限定股权继承的权利。这种立法模式体现了对有限责任公司自治与继承人继承权的同时保护：①法律赋予被继承股东的继承人有继承其股东资格的权利，体现了对自然人的财产继承权的保护；②如果公司股东死亡而其股权不能被继承，也是不符合公平原则和公司稳定大局的；③法律同时赋予公司章程排除继承的权利，体现了对有限责任公司自治权的保护。这是因为有限责任公司相较于股份有限公司而言，具有封闭性的特点，这导致了其股东之间有一定的人身依赖关系，而新加入的股东很有可能会破坏这种关系，因此有必要赋予老股东排斥新加入者的权利，以维护股东关系的和谐。

（二）本次公司章程修改的股东会决议是否合法有效？

《公司法》第四十四条第二款规定："股东会会议作出修改公司章程、增加或者减少注册资本的决议，以及公司合并、分立、解散或者变更公司形式的决议，必须经代表三分之二以上表决权的股东通过。"本案中，已故股东陶建平所持股权高达43.36%，其他股东所持的股权总数已不可能达到法定的三分之二。该章程修改是在陶建平的股份没有确定归属、其原所持股权表决权被排除的前提下"通过"的。这里就明显存在一个悖论——修改公司章程的决议目的是排除股东继承人对股权的继承权，但决议通过之前已经排除了股东继承人的表决权。事实上，陶建平是公司的最大股东，依法会导致股东会关于修改公司章程的重大事项决议无法形成。公司章程的修改是在股东陶建平死亡后进行的，而我国《继承法》第二条规定"继承从被继承人死亡时开始"，因此，公司在继承事实发生之后再通过的决议，自然不能限制之前的事项。所以，该次公司章程修改的股东会决议当然无效。可见，正是因为公司章程从形式到内容均不符合法律的规定，因而人民法院没有认定其效力。

（三）原告陶冶可否取得良代公司的股东资格？

本案存在一个特殊之处，即法律溯及力问题。本案中，对已故股东股权的继承事实发生在现行《公司法》2006年1月1日实施之前，而本案纠纷是2006年1月1日后才诉至法院的。按照法律适用的一般原理，应适用股权继承事实发生时生效的法律。但是，原《公司法》对股权继承问题没有明确规定。2006年5月9日最高人民法院《关于适用〈中华人民共和国公司法〉若干问题的规定（一）》第二条的规定："因公司法实施前有关民事行为或者事件发生纠纷起诉到人民法院的，如当时的法律法规和司法解释没有明确规定时,可参照适用《公司法》的有关规定。"因此,本案适用《公司法》第七十六条的规定。二审法院也正是基于此,驳回了良代公司的上诉,维持了原判。而根据陶建平死亡时良代公司章程的规定,股东的出资额可以依法继承。因此,原告陶冶可以取得良代公司的股东资格。

【案例二】一个股东控制的两个一人有限责任公司财产混同时,股东对公司债务的责任承担

一、案情简介[①]

2002年4月,原告电力公司与被告喜洋洋食品有限公司(以下简称"喜洋洋")发生了一笔果冻条购销生意,后"喜洋洋"拖欠电力公司25万元贷款。"喜洋洋"的拖欠理由是:公司已停止生产经营,无法偿还各项债务。后来,电力公司发现:"喜洋洋"系台商独资企业,于1999年由被告谢某投资成立,法定代表人为谢某;永昌荣食品有限公司(以下简称"永昌荣")亦系台商独资企业,于1993年11月由谢某投资成立,法定代表人也是谢某;这两家公司的经营地址、电话号码、组织机构、从业人员完全相同。电力公司认为,谢某掏空"喜洋洋",将财产转移到永昌荣来逃债。为此,电力公司将谢某、喜洋洋、永昌荣全告上法庭,要求三被告共同偿还25万元及利息。

经庭审及各方取证后查明:永昌荣设立至今,从未实际开展生产经营活动,也无机器设备,名下的土地、厂房及两部汽车均由"喜洋洋"无偿使用,日常费用则由"喜洋洋"支付。两公司的账务账目虽分别立册计账,但均由"喜洋洋"的会计人员负责制作,且永昌荣本身从未发放过工资。1998年永昌荣向银行贷款100万元,其中部分由"喜洋洋"使用,至2002年才由"喜洋洋"代为还清;2002年年底,"喜洋洋"用永昌荣名下的土地、厂房作为抵押担保,再向银行贷款100万元。"喜洋洋"在2002年度共从其账户转出433 400元到永昌荣的账户,用于偿还永昌荣的银行贷款本息。且这两家公司的唯一投资者谢某在经营期间也挪用、侵占"喜洋洋"的财产至少在72万元以上,全部用作个人债务的偿还和交通肇事的赔偿。据此,厦门中院支持了原告的诉讼请求。

二、思考与练习

1. 一人有限责任公司与股东财产混同,其债务应如何处理?
2. 一个外商设立两个一人有限责任公司是否合法?

---

① 案例来源:郑金雄,黄冬阳,等. "公司面纱"被揭开,公司不再喜洋洋[EB/OL]. 中国法院网,http://www.chinacourt.org/html/article/200407/02/121861.shtml.

3. 本案原告可否要求谢某与永昌荣承担连带责任？

三、分析与评点

（一）一人有限责任公司与股东的财产混同，其债务应如何处理？

根据我国《公司法》第五十八条第二款的规定，一人有限责任公司是由一个自然人股东或法人股东投资设立的有限责任公司。一人公司最大的缺点就是公司的股东很容易控制公司、混淆公司财产与股东个人财产，从而将公司财产充作私人之用；股东有可能以公司的名义为自己提供借贷或者提供担保，有可能欺骗债权人回避合同义务和法定义务等，也即一人公司的人格极易缺乏独立的意志，其人格易被其控制股东所滥用，进而损害公司债权人的利益。我国《公司法》第六十四条明确规定："一人有限责任公司的股东不能证明公司财产独立于股东自己财产的，应当对公司债务承担连带责任。"也就是说，在一人有限责任公司中，如果发生公司财产与股东个人财产混同，公司债权人可以《公司法》第六十四条为依据主张举证责任倒置，如果股东不能证明公司财产独立于股东自己财产的，应当对公司债务承担连带责任。

（二）一个外商设立两个一人有限责任公司是否合法？

在我国2005年《公司法》修改之前，根据原《公司法》规定，内地自然人投资者不能设立一人有限责任公司，而只能依《个人独资企业法》设立个人独资企业，并以其个人财产对企业债务承担无限责任。但是鉴于我国国情及其他立法、政策上的考虑，《外资企业法》允许外国投资者和我国港、澳、台地区的个人投资者在我国境内设立外商独资的一人有限责任公司，并以认缴的出资额为限对公司债务承担责任。因此，本案中，台商谢某于1991年和1993年分别设立的"喜洋洋"和永昌荣两家外商独资有限责任公司均是合法的。

《公司法》修改后，允许境内外自然人投资者设立一人有限责任公司。但《公司法》第五十九条第二款对自然人设立一人有限责任公司进行了专门的限制性规定，即"一个自然人只能设立一个一人有限责任公司。该一人有限责任公司不得投资设立新的一人有限责任公司"。同时，《公司法》第二百一十八条规定："外商投资的有限责任公司和股份有限公司适用本法；有关外商投资的法律另有规定的，适用其规定。"因此，本案如果发生在现行《公司法》实施之后，那么一个外商设立两个一人有限责任公司就是不合法的了。

（三）本案原告可否要求谢某与永昌荣承担连带责任？

本案审理时，我国《公司法》尚未修改，原《公司法》没有规定公司法人人格否认制度。厦门中院依据诚实信用原则和公平原则，对"喜洋洋"适用公司法人人格否认法理，最终判决由谢某和永昌荣对"喜洋洋"的债务承担连带责任。

法院经审理认为，永昌荣与"喜洋洋"作为关联企业，投资者、经营地址、电话号码及管理从业人员完全相同，实为一套人马两块牌子，必然会导致两公司缺乏各自独立意志而共同听从于谢某。因此，有确凿的事实和理由认定两公司之间存在人格混同。现"喜洋洋"徒具空壳，无力偿还众多数额巨大的到期债务；而永昌荣从未开展业务活动却有数百万元的资产，据此足以认定谢某操纵并利用关联公司进行财产转移来逃避合同义务和法律责任。被告谢某作为"喜洋洋"和永昌荣的唯一股东，无视公司的独立人格，滥用其控制权，挪用公司资产归个人使用，致使公司与其个人之间财务、财产均发生混同；而"喜洋洋"和永昌荣之间混同情况则更为严重，公司相对人难以认识到两个关联公司的独立性。上述种种行为，严重背离公司法人制度的分离原则，因此，应认定三者之间存在人格混同。如在本案中仅追究"喜洋洋"的责任，则作为相对人的原告将无法实现其债权，不符合诚实信用原则和公平理念。因此，对"喜洋洋"适用法人人格否认法理，要求谢某和永昌荣承担连带责任具有必要性和正当性。

现行《公司法》第二十条第三款规定："公司股东滥用公司法人独立地位和股东有限责任，逃避债务，严重损害公司债权人利益的，应当对公司债务承担连带责任。"可见，我国《公司法》确立的公司法人人格否认制度仅适用于否认公司法人人格，追究股东责任的场合。如果同属一人控制但彼此之间不存在股权关系的"兄弟公司"或"姊妹公司"之间发生人格混同、财产混同，能否适用公司法人人格否认制度，追究其中一个公司对另一个公司的债务承担连带责任呢？在我国现行《公司法》规定的框架下，答案是否定的。此时适用公司法人人格否认制度也只能要求股东对两个一人公司的债务分别承担连带责任，而不能要求其中一个一人公司对另一个公司的债务承担连带责任。因而在现行《公司法》规定的框架下，本案对"喜洋洋"适用公司法人人格否认法理，要求谢某和永昌荣承担连带责任，应该理解为是对现行《公司法》规定的扩张解释。

【案例三】召集程序和表决方式有瑕疵的股东会决议的效力

一、案情简介[①]

原告肖章生诉称：1997年2月27日，肖章生、肖桂生及李某因公司改制而成为溧水县洪蓝劳动服务有限公司（以下简称"劳动服务公司"）的股东，三人出资比例分别为25%、50%、25%。肖桂生任公司董事长。

该公司章程第十一条规定，股东之间可以相互转让其全部或部分出资。股东可以向原股东以外的人转让其出资，原股东向股东以外的人转让其出资时，必须经全体股东半数以上同意，不同意转让的股东应当购买其转让的出资，如果不购买该转让的出资，视

---

① 案例来源：怀效锋. 中国最新公司法典型案例评析[M]. 北京：法律出版社，2007：195-197.

为同意转让。股东同意转让的出资，在同等条件下，其他股东对该出资有优先购买权；第十三条第一款规定，股东有权出席股东会议，按照出资比例行使表决权；该条第四款规定，在公司新增资本时，股东有权优先认缴出资；第十五条规定，股东会由全体股东组成，股东会是公司的权力机构，有权对公司增加或减少注册资本作出决议；第二十一条规定，召开股东会会议，应当于会议召开15日以前以书面形式通告全体股东等。

2000年4月7日，肖桂生向溧水县工商局提供虚假申请材料注销了该公司。同日，肖桂生又在该工商局申请设立了名称相同的劳动服务公司，公司的股东却变为肖桂生、肖章生、肖某三人，其中原告的股权比例被非法缩减为24.12%，肖桂生持有股权53.8%，肖某持有股权22.08%。

2003年4月12日，肖桂生在未通知原告的情况下与其妻子张某、儿子肖某共同签署了一份"股东会决议"。该决议内容为：①公司原名称"溧水县洪蓝劳动服务有限公司"现变更为"溧水县洪蓝送变电工程有限责任公司"（以下简称"送变电公司"）；②一致同意肖章生股份全额退出，吸收张某为公司新股东；③公司注册资本由原来的53.9万元增加到1 450万元，其中肖桂生、肖某、张某的出资额分别为630万元、720万元、100万元。2003年5月16日，公司按决议的内容办理了变更登记手续。后经过原告提起行政诉讼，被告送变电公司重新确认了原告在该公司的股东资格，但原告的股权比例却因此受到了影响。原告于2006年6月向法院提起诉讼，要求确认该次股东会决议无效。

二、思考与练习

1. 本案股东会会议的召集程序和表决方式是否合法？
2. 本案股东会决议是否有效？

三、分析与评点

（一）该次股东会会议的召集程序和表决方式是否合法？

原告肖章生是劳动服务公司在工商登记中记载的股东之一。劳动服务公司董事长肖桂生先提供虚假申请材料注销了该公司，后又以肖桂生、肖章生和肖某为股东，设立注册了名称相同的劳动服务公司。2003年4月12日，劳动服务公司召开股东会，未通知股东肖章生，相反，非公司股东的张某却出席了股东会并参加了决议。我国《公司法》第四十二条第一款规定："召开股东会会议，应当于会议召开十五日以前通知全体股东；但是，公司章程另有规定或者全体股东另有约定的除外。"又根据劳动服务公司章程第二十一条规定，召开股东会会议，应当于会议召开前15日以书面形式通告全体股东。然而，该公司在未依法律和章程规定时间内采取书面形式通知肖章生的情况下，于2003年4月12日，由肖桂生、肖某与张某共同签署了一份"股东会决议"，作出"一致同意肖章生股份全额退出"的决议，违反了《公司法》和公司章程的相关规定，在股东会的召集程序和表决方式上存在瑕疵，因而该决议不合法。

《公司法》第二十二条第一款、第二款规定:"公司股东会或者股东大会、董事会的决议内容违反法律、行政法规的无效。股东会或者股东大会、董事会的会议召集程序、表决方式违反法律、行政法规或者公司章程,或者决议内容违反公司章程的,股东可以自决议作出之日起六十日内,请求人民法院撤销。"因此,如果股东会决议的内容违反法律、行政法规的规定,作为公司股东的肖章生可以向法院请求确认该决议无效。如果股东会决议内容不违反法律、行政法规,仅是会议召集程序、表决方式违反法律、行政法规或者公司章程的,肖章生可以在决议之日起60日内向法院请求撤销该决议。

(二)该次股东会决议是否有效?

劳动服务公司的股东会决议主要有以下三方面内容:其一,变更公司名称;其二,同意肖章生的股份全额退出,吸收张某为新股东;其三,增加公司注册资本。现作如下分析:

首先,分析变更公司名称和增加注册资本的决议。变更公司名称和增加注册资本均是公司经营过程中正常的经营行为,属于公司成立后众多变更事项之一,法律对此并未作出禁止性规定,此两项决议的内容未违反法律、行政法规的规定。《公司法》第四十四条第二款规定:"股东会会议作出修改公司章程、增加或者减少注册资本的决议,以及公司合并、分立、解散或者变更公司形式的决议,必须经代表三分之二以上表决权的股东通过。"根据此规定,变更公司名称的决议无需达到2/3的表决权即可通过;而增加注册资本的决议须经代表2/3以上表决权的股东商议通过。在本案中,参加此次股东会决议的股东肖桂生、肖某合计持有公司75.88%的股权,已经超过公司2/3以上的股权,故其作出变更公司名称和增加注册资本的决议合法有效。

其次,分析"一致同意肖章生股份全额退出,吸收张某为公司新股东"的决议。该决议侵犯了肖章生的股东权,违反了公司法和公司章程有关股东资格取得的规定,应属无效。其理由如下:第一,根据我国《公司法》第七十二条和该公司章程第十一条的规定,公司股东可以依法转让其全部或部分股权。但肖章生并没有参加股东会,也从未作出过要转让其股权的意思表示。因此,公司无权以会议的形式剥夺肖章生的股东资格。第二,根据《公司法》的相关规定,股东资格的取得包括公司设立时的原始取得和公司成立后的继受两种方式,但并不包括以公司决议取得的方式。张某在劳动服务公司已经登记成立后,只能通过继受取得的方式受让原公司股东的股权或者在公司增加注册资本时以认缴出资的方式成为该公司的新股东。因而张某以决议的形式成为公司的新股东,不合法。因此,"一致同意肖章生股份全额退出,吸收张某为公司新股东"的决议无效。

综上,该次公司股东会的决议中,第一项变更公司名称及第三项变更公司注册资本的决议,其内容并未违反法律、行政法规的规定,故原告肖章生请求确认其无效的诉求于法无据。而基于肖章生并未出席2003年4月12日的股东会,该次股东会决议中第二项关于"一致同意肖章生股份全额退出,吸收张某为公司新股东"的决议,由于其侵犯了肖章生的股东权,且张某以决议形式取得股东资格违反《公司法》关于股东资格取得的相关规定，应属无效。最终，法院依法判决送变电公司 2003 年 4 月 12 日的股东会决议中第二项内容无效，驳回了原告的其他诉讼请求。

【案例四】破产管理人的任职资格

一、案情简介①

破产申请人中国汽车工业销售总公司（以下简称"汽车销售公司"）成立于 1992 年，是全国性大型汽车流通企业，原隶属于中国汽车工业总公司，为全民所有制企业，注册资金 5 588 万元。随着中国汽车工业总公司行业管理职能的取消，原有的经营模式已无法适应市场竞争，并严重影响企业生存。公司管理思路不能适应市场经济和经济体制改革要求，不良资产大量产生，经营举步维艰，亏损日益严重，公司不能清偿到期债务，且扭亏无望，遂向北京市第一中级人民法院申请宣告破产。

经法院审理查明，2006 年 4 月 19 日，全国企业兼并破产和职工就业工作领导小组办公室下达〔2006〕4 号《关于下达新疆有色金属工业公司等 55 户企业破产项目的通知》（以下简称《通知》）表明，中国汽车工业销售总公司破产项目已经国务院同意。截至 2007 年 6 月 30 日，经中准会计师事务所有限责任公司审计，中国汽车工业销售总公司资产总额为 6 803.23 万元，负债总额为 39 132.88 万元，所有者权益为 -32 329.65 万元，资产负债率为 575.21%。

依据《中华人民共和国企业破产法》（以下简称《企业破产法》）的规定，人民法院裁定受理破产申请的，应当同时指定管理人，所以必须同时兼顾管理人的问题，否则即便符合受理条件受理后，破产清算工作也无法开展。根据最高人民法院《关于审理企业破产案件指定管理人的规定》，新法实行后受理的破产案件，人民法院要从管理人名册中指定管理人负责破产清算事务。北京作为直辖市，管理人名册要由北京市高级人民法院统一编制，但目前尚未制定出管理人名册和制定管理人的实施细则。

合议庭研究后认为，依照《企业破产法》第一百三十三条的规定，在该法施行前国务院规定的期限和范围内的国有企业实施破产的特殊事宜，按照国务院有关规定办理。上述《通知》中，同意中国汽车工业销售总公司破产项目。而根据我国新《企业破产法》，谁有资格成为本案的管理人则成为北京一中院在这次破产申请案中关注的焦点。

北京一中院在明确了管理人的问题后，合议庭开始认真审查了申请人提交的文件材料是否符合破产立案条件。经审查，汽车销售公司提出的破产清算申请符合法律规定，

---

① 案例来源：[作者不详]. 企业破产走在法治的大路上 [N]. 人民法院报，2007-10-17.

合议庭经过评议决定受理此案。随后，合议庭从政府有关部门、编入管理人名册的社会中介机构、金融资产管理公司中具备管理人资格的人中指定清算组成员，由清算组为管理人。

二、思考与练习

1. 《企业破产法》对破产管理人的任职资格有什么要求？
2. 本案指定的管理人是否符合《企业破产法》的规定？

三、分析与评点

（一）《企业破产法》对破产管理人任职资格有什么要求？

1. 破产管理人的积极条件和资格

《企业破产法》第二十四条第一、二款规定："管理人可以由有关部门、机构的人员组成的清算组或者依法设立的律师事务所、会计师事务所、破产清算事务所等社会中介机构担任。人民法院根据债务人的实际情况，可以在征询有关社会中介机构的意见后，指定该机构具备相关专业知识并取得执业资格的人员担任管理人。"可见，《企业破产法》确定的可以担任管理人的主体包括清算组、社会中介机构（包括律师事务所、会计师事务所、破产清算事务所等）和个人。

（1）由有关部门、机构的人员组成的清算组。清算组是旧《企业破产法》中规定的类似于管理人的组织，因其自身存在着浓厚的行政色彩且缺乏公正性等诸多弊端而被新的《企业破产法》以管理人制度所取代。然而，由于我国目前大量国有企业面临破产，就如何避免国有资产流失以及职工安置等问题，都不得不依赖于政府各部门的支持协调配合，因而，保留清算组作为管理人有其必要性。

（2）依法成立的律师事务所、会计师事务所和破产清算事务所等社会中介机构。这些中介机构应当依法设立并向所在地区编制管理人名册的人民法院提出申请，由该人民法院组成专门的评审委员会进行评审。与传统的清算组相比，社会中介机构具有专业、中立、高效、市场化的优势，能够保证破产清算的质量。

（3）律师、会计师、资产评估师等具备相关专业知识并取得执业资格的人员。根据最高人民法院《关于审理企业破产案件指定管理人的规定》第十七条的规定，对于"事实清楚、债权债务关系简单、债务人财产相对集中的企业破产案件"，法院"可以"指定管理人名册中的个人为管理人。

根据《关于审理企业破产案件指定管理人的规定》第十六条规定，法院"一般"应指定管理人名册中的社会中介机构担任管理人。由此可知，我国破产管理人选任以机构担任管理人为原则，个人担任管理人为例外。

2. 破产管理人的消极条件和资格

《企业破产法》第二十四条第三款规定："有下列情形之一的，不得担任管理人：

(一) 因故意犯罪受过刑事处罚；(二) 曾被吊销相关专业执业证书；(三) 与本案有利害关系；(四) 人民法院认为不宜担任管理人的其他情形。"这款规定了管理人的禁止性条件。《关于审理企业破产案件指定管理人的规定》又分别对该款中第三、四项内容作了进一步细化。

根据《关于审理企业破产案件指定管理人的规定》第九条，社会中介机构及个人具有下列情形之一的，人民法院可以适用《企业破产法》第二十四条第三款第四项的规定：①因执业、经营中故意或者重大过失行为，受到行政机关、监管机构或者行业自律组织行政处罚或者纪律处分之日起未逾3年；②因涉嫌违法行为正被相关部门调查；③因不适当履行职务或者拒绝接受人民法院指定等原因，被人民法院从管理人名册除名之日起未逾3年；④缺乏担任管理人所应具备的专业能力；⑤缺乏承担民事责任的能力；⑥人民法院认为可能影响履行管理人职责的其他情形。《关于审理企业破产案件指定管理人的规定》第二十六条还规定，社会中介机构或者个人有重大债务纠纷或者因涉嫌违法行为正被相关部门调查的，人民法院不应指定该社会中介机构或者个人为管理人。

根据《关于审理企业破产案件指定管理人的规定》第二十三条，社会中介机构、清算组成员有下列情形之一，可能影响其忠实履行管理人职责的，人民法院可以认定为《企业破产法》第二十四条第三款第三项规定的利害关系：①与债务人、债权人有未了结的债权债务关系；②在人民法院受理破产申请前3年内曾经是债务人、债权人的控股股东或者实际控制人；③现在担任或者在人民法院受理破产申请前3年内曾经担任债务人、债权人的财务顾问、法律顾问；④人民法院认为可能影响其忠实履行管理人职责的其他情形。《关于审理企业破产案件指定管理人的规定》第二十四条规定清算组成员的派出人员、社会中介机构的派出人员、个人管理人有下列情形之一，可能影响其忠实履行管理人职责的，可以认定为《企业破产法》第二十四条第三款第三项规定的利害关系：①具有本规定第二十三条规定情形；②现在担任或者在人民法院受理破产申请前3年内曾经担任债务人、债权人的董事、监事、高级管理人员；③与债权人或者债务人的控股股东、董事、监事、高级管理人员存在夫妻、直系血亲、三代以内旁系血亲或者近姻亲关系；④人民法院认为可能影响其公正履行管理人职责的其他情形。

在进入指定管理人程序后，社会中介机构或者个人发现与本案有利害关系的，应主动申请回避并向人民法院提供书面说明情况。人民法院认为社会中介机构或者个人与本案有利害关系的，不应指定该社会中介机构或者个人为管理人。

(二) 本案指定的管理人是否符合《企业破产法》的规定？

本案中，汽车销售公司为全民所有制企业，其破产项目属于计划内政策性破产。根据《企业破产法》第一百三十三条的规定，在该法施行前国务院规定的期限和范围内的国有企业实施破产的特殊事宜，按照国务院有关规定办理。《关于审理企业破产案件指定管理人的规定》第十八条规定，在实行前国务院规定的期限和范围内的企业实施破产的，人民法院可以指定清算组为管理人，规定企业破产案件有下列情形之一的，人民法院可以指定清算组为管理人：①破产申请受理前，根据有关规定已经成立清算组，人民法院认为符合本规定第十九条的规定；②审理《企业破产法》第一百三十三条规定的案件；③有关法律规定企业破产时成立清算组；④人民法院认为可以指定清算组为管理人的其他情形。

因此，在本案中，人民法院可以根据《关于审理企业破产案件指定管理人的规定》第十八条第二项的规定指定清算组为汽车销售公司的管理人。同时，依据《关于审理企业破产案件指定管理人的规定》第十九条的规定，清算组为管理人的，人民法院可以从政府有关部门、编入管理人名册的社会中介机构、金融资产管理公司中指定清算组成员，人民银行及金融监管管理机构可以按照有关法律和行政法规的规定派人参加清算组。所以，本案中合议庭指定清算组成员，由清算组为管理人，只要清算组成员与本案不具有利害关系，不存在不宜担任管理人的情形，符合《企业破产法》对破产管理人资格的要求的均可。

【案例五】设定担保的企业财产是否属于破产财产

一、案情简介[①]

荣昌针织总厂（以下简称"荣昌厂"）始建于20世纪50年代初期，属地方的一家国有企业。起初，荣昌厂的产品一直在市场上享有崇高的信誉。但自2000年以来，由于企业经营理念跟不上市场经济的变动，公司效益一直下滑。因经营管理不善、长期亏损，企业已严重不能清偿到期债务，职工积极性严重受挫，企业也很难维持正常的运营。2005年9月1日，荣昌针织总厂向人民法院提出破产申请。人民法院受理此案后，依照法定程序，于2005年12月20日宣布荣昌厂破产，并于同年12月25日成立了清算组接管荣昌厂。随后，清算组对荣昌厂的财产进行了清理，有关清理情况如下：

1. 荣昌厂资产总额为6 000万元（变现价值），其中：流动资产1 000万元，长期投资800万元，固定资产4 000万元，其他资产200万元；负债总额为12 000万元，其中，流动负债11 000万元，长期负债1 000万元。

2. 荣昌厂流动负债的具体情况为：

（1）应付职工工资及劳动保险费用200万元，应交税金500万元。

（2）短期借款4 200万元。其中：2004年10月5日，以荣昌厂厂房A、机器设备作

[①] 案例来源：李智，高战胜. 新编破产法案例教程［M］. 北京：中国民主法治出版社，2008：93-95.

抵押，向中国建设银行荣昌支行共贷款2 200万元；2005年2月1日向中国工商银行荣昌支行信用贷款2 000万元。

（3）应付账款3 100万元。其中包括但不限于：①欠宏达公司2003年9月到期货款160万元。宏达公司经多次催要无效后，起诉至人民法院，2005年8月2日，人民法院经过二审审理，判决荣昌厂支付宏达公司欠款及违约金和赔偿金等共计200万元，随后将荣昌厂办公楼予以查封，拟用于抵偿宏达公司的债权。人民法院受理荣昌厂破产申请时，此判决正在执行之中。②欠华天公司2004年8月到期货款100万元。华天公司经多次催要无效后，于2005年8月10日起诉至人民法院。人民法院受理荣昌厂破产申请时，此案正在审理中。③欠万达公司2004年5月5日到期的货款150万元。2005年6月5日，应万达公司的要求，荣昌厂与万达公司签订了一份担保合同，担保合同约定若2005年8月5日荣昌厂不能支付万达公司150万元欠款，则以荣昌厂厂房B折价抵偿万达公司欠款。④其他流动负债合计3 000万元。

3. 经评估确认：荣昌厂厂房A变现价值为500万元，厂房B变现价值为200万元，办公楼变现价值为300万元，机器设备变现价值为1 400万元。

4. 荣昌厂在破产程序中支付的破产费用为100万元。

二、思考与练习

1. 已经设定担保的企业财产是否属于破产财产？
2. 人民法院受理破产案件后，其他相关的诉讼、执行等法律程序应如何处理？

三、分析与评点

（一）已经设定担保的企业财产是否属于破产财产？

从本案分析来看，由于荣昌厂的破产时间发生在2006年制定的《企业破产法》生效之前，因此，应当适用1986年制定的《企业破产法（试行）》的规定。根据该法第二十八条第二款规定："已作为担保物的财产不属于破产财产；担保物的价款超过其所担保的债务数额的，超过部分属于破产财产。"可见，已设定担保的企业财产不属于破产财产，且最高人民法院《关于审理企业破产案件若干问题的规定》第七十一条（二）规定，抵押物、留置物、出质物不属于破产财产，但权利人放弃优先受偿权的或者优先偿付被担保债权剩余的部分除外。所以，荣昌厂的破产财产应为4 100万元，即：6 000万元－1 900万元（用于担保的财产）＝4 100万元。荣昌厂用作抵押贷款的厂房A和机器设备不能作为破产财产。

然而，我国2006年制定的《企业破产法》第三十条规定："破产申请受理时属于债务人的全部财产，以及破产申请受理后至破产程序终结前债务人取得的财产，为债务人财产。"第一百零七条第二款规定："债务人被宣告破产后，债务人称为破产人，债务人财产称为破产财产，人民法院受理破产申请时对债务人享有的债权称为破产债权。"从以上规定可以看出，破产财产包括两部分，一部分是破产申请时属于破产企业的全部财产，另一部分是破产程序开始后至终结前破产企业新取得的财产。

破产申请受理时属于债务人的全部财产包括有形财产和无形财产权利，有形财产包括厂房、机器设备等各种固定资产以及资金等流动资产，无形财产权利包括债权、土地使用权、商标权、专利权、特许权、股东股款缴纳请求权等。抵押权是物权的一种，根据物权法的一般原理，当一个物上设立担保物权后，其所有人并未失去对物的所有权，设定担保物权的最终目的在于以担保财产的变现值得到优先清偿，而不是为了获得该物的所有权。据此，破产企业对于设定担保的财产并没有丧失所有权。因此，已经设定担保的企业财产仍然属于破产财产。

破产企业在破产申请受理后至破产程序终结前新取得的财产也属于破产财产。在我国，这些财产包括：①破产企业享有的投资权益产生的收益；②破产企业财产产生的孳息或转让所得；③破产企业继续营业的收益；④基于其他合法原因取得的财产。

（二）人民法院受理破产案件后，其他相关的诉讼、执行等法律程序应如何处理？

《企业破产法（试行）》第十一条规定："人民法院受理破产案件后，对债务人财产的其他民事执行程序必须中止。"《最高人民法院〈关于审理企业破产案件若干问题的规定〉》第二十条规定："人民法院受理企业破产案件后，对债务人财产的其他民事执行程序应当中止。以债务人为被告的其他债务纠纷案件，根据下列不同情况分别处理：（一）已经审结但未执行完毕的，应当中止执行，由债权人凭生效的法律文书向受理破产案件的人民法院申报债权。（二）尚未审结且无其他被告和无独立请求权的第三人的，应当中止诉讼，由债权人向受理破产案件的人民法院申报债权。在企业被宣告破产后，终结诉讼。（三）尚未审结并有其他被告或者无独立请求权的第三人的，应当中止诉讼，由债权人向受理破产案件的人民法院申报债权。待破产程序终结后，恢复审理。（四）债务人系从债务人的债务纠纷案件继续审理。"根据上述规定，人民法院受理破产案件后，对债务人财产的其他民事执行程序应当中止，债权人的债权应统一纳入破产程序受偿。因此，本案中，宏达公司和华天公司的债权均属于破产债权，应统一进入破产程序受偿，荣昌厂办公楼不得用于抵偿宏达公司的债权。

我国现行《企业破产法》第十九条规定："人民法院受理破产申请后，有关债务人财产的保全措施应当解除，执行程序应当中止。"可见，新旧破产法均对破产程序启动后，有关债务人财产的其他执行程序的中止作出了相应规定。但与旧法仅规定债务人财产的其他民事执行程序应当中止不同的是，新法规定所有有关债务人财产的执行程序全部中止，这不仅包括民事执行程序，还包括行政执行程序和刑事执行程序。同时，现行《企业破产法》第二十条还规定："人民法院受理破产申请后，已经开始而尚未终结的有关债务人的民事诉讼或者仲裁应当中止；在管理人接管债务人的财产后，该诉讼或者仲裁继续进行。"

第十一章 证券法

【案例一】证券业协会的法律性质和职能

一、案情简介[①]

1999年7月,某证券有限公司经中国证券监督管理委员会批准为证券经纪类公司。公司注册资本为人民币5亿元,在全国获准设立了21个分支机构。为了发展业务、吸引客户,该证券公司某市营业部与陈某、何某等人分别签订了《发展客户合作协议》。在签订协议后,陈某、何某、吴某等人在营业部的允许下大量透支炒股。同时,该营业部依据市场行情给上述各人提供信息服务,指导其进行股票交易。由于在执行过程中出现了问题,陈某、何某和吴某等人对该营业部产生不满,并于1999年将上述情况举报给了中国证券业协会。中国证券业协会遂召集所有相关人员进行调解,但该证券公司予以拒绝,并称从未参加过该证券业协会。据此,中国证券业协会将其上报中国证券监督管理委员会,证券监督管理委员会查明事实后,做出了相应的处罚决定。

二、思考与练习

1. 按照现行《证券法》的规定,中国证券业协会的法律性质是什么?
2. 本案证券业协会的行为是否合法?

三、分析与评点

现行《证券法》第八条规定:"在国家对证券发行、交易活动实行集中统一监督管理的前提下,依法设立证券业协会,实行自律性管理。"《证券法》第一百七十四条规

[①] 案例来源:王金玲. 证券法案例知识读本 [M]. 北京:经济管理出版社,2000:24.

定:"证券业协会是证券业的自律性组织,是社会团体法人。证券公司应当加入证券业协会。证券业协会的权力机构为全体会员组成的会员大会。"据此,中国证券业协会是证券业的自律性组织,是不以营利为目的的社会公益团体法人。

我国证券市场监管体制确立了以中国证监会集中统一监管为主、证券业协会和证券交易所自律监管为辅的监管体制。证券业协会是对证券监管机构集权管理的有益补充。证券业协会在遵守国家证券法律、法规、规章的基础上,将行之有效的执业操作规则形成证券发行、交易的惯例,进一步完善证券发行和交易制度。

虽然证券业协会是证券行业实现自律管理的机构,但是它本身的职责是法律直接规定的。我国《证券法》第一百七十六条规定,"证券业协会履行下列职责:(一)教育和组织会员遵守证券法律、行政法规;(二)依法维护会员的合法权益;(三)收集整理证券信息,为会员提供服务;(四)制定会员应遵守的规则,组织会员单位的从业人员的业务培训,开展会员间的业务交流;(五)对会员之间、会员与客户之间发生的证券业务纠纷进行调解;(六)组织会员就证券业的发展、运作及有关内容进行研究;(七)监督、检查会员行为,对违反法律、行政法规或者协会章程的,按照规定给予纪律处分;(八)证券业协会章程规定的其他职责。"可见,该证券公司拒绝证券业协会的调解并称从未参加过该证券业协会的行为是不合法的,它必须加入证券业协会。证券业协会对其加入的会员有权依据协会章程和自律规则进行监督和管理,对违反协会公约的会员予以相应的处分或者上报中国证券业监督管理委员会。因此,本案中中国证券业协会的做法合法。

【案例二】证券服务机构勤勉尽责的法定义务

一、案情简介[①]

北京某科技发展(控股)股份有限公司证券违法案件已由中国证券监督管理委员会调查、审理终结。经查明,经度会计师事务所作为该公司的证券服务机构,其在对该公司2001年和2002年年报审计过程中,在未对该公司的对外担保事项执行函证程序,也未取得该公司贷款卡及借款、担保信息的情况下,对该公司2001年和2002年年报发表了带解释性说明的无保留意见;虽然在审计意见解释性说明中提示该公司存在巨额对外担保,但未能揭示该公司存在重大担保事项遗漏披露的事实。经度会计师事务所因在审计该公司2001年和2002年年报过程中未能保持应有的职业谨慎,故对该公司2001年和

---

① 案例来源中国证券监督管理委员会形成处罚决定书(某科技),证监罚字(2006)8号。

2002年年报存在的重大遗漏负有审计责任。

二、思考与练习

1. 按照现行《证券法》的规定，经度会计师事务所有哪些违法行为？
2. 本案经度会计师事务所应承担什么法律责任？

三、分析与评点

（一）会计师事务所是注册会计执行业务的市场中介机构。会计师通过审查发行人或上市公司的财务资料并做出相应的鉴定结论，以审查和增强发行人或上市公司的公信力、维护证券市场的秩序。取得从事证券相关业务许可证的会计师事务所在从事证券相关业务时，必须严格遵守国家有关证券法规，做到独立、客观、公正，严格执行财政部、中国注册会计师协会制定发布的《中国注册会计师独立审计准则》及相关规定，严格遵守中国注册会计师颁布的有关培训制度及职业道德守则。

现行《证券法》第一百七十三条规定："证券服务机构为证券的发行、上市、交易等证券业务活动制作、出具审计报告、资产评估报告、财务顾问报告、资信评级报告或者法律意见书等文件，应当勤勉尽责，对所依据的文件资料内容的真实性、准确性、完整性进行核查和验证。其制作、出具的文件有虚假记载、误导性陈述或者重大遗漏，给他人造成损失的，应当与发行人、上市公司承担连带赔偿责任，但是能够证明自己没有过错的除外。"在本案中，经度会计师事务所作为该公司的证券服务机构，在对该公司2001年度和2002年度的年报审计过程中，在未对该公司对外担保事项进行必需的函证程序和核查相关贷款、担保信息的情况下，就出具无保留意见，未能揭示该公司存在重大担保事项遗漏披露的事实。因此，经度会计师事务所的行为违反了"勤勉尽责"的法定义务，属违法行为。

（二）对于证券服务机构违反法定勤勉义务的行为，证券法规定了相应的法律责任。《证券法》第二百二十三条规定："证券服务机构未勤勉尽责，所制作、出具的文件有虚假记载、误导性陈述或者重大遗漏的，责令改正，没收业务收入，暂停或者撤销证券服务业务许可，并处以业务收入一倍以上五倍以下的罚款。对直接负责的主管人员和其他直接责任人员给予警告，撤销证券从业资格，并处以三万元以上十万元以下的罚款。"因此，证券监管机构应该依据上述规定给予经度会计师事务所相应的行政责任。由于这种行政责任既要由单位承担，而且相关责任人也要承担，因此叫做"双处罚"。在本案中，经度会计师事务所违反了勤勉义务，可以给予该会计师事务所责令改正，没收业务收入，暂停或者撤销证券服务业务许可的处罚，并处以其业务收入一倍以上五倍以下的罚款；同时给予该所主任和财会人员等责任人员给予警告处分，撤销其证券从业资格，并处以三万元以上十万元以下的罚款。

除承担行政责任外，如果给他人造成损失的，经度会计师事务所还要承担相应的民事责任。根据《证券法》第一百七十三条规定，经度会计师事务所应当与发行人、上市公司一起依法对给他人造成的损失承担连带赔偿的民事责任。

【案例三】证券公司在证券承销中剩余证券的买入问题

一、案情简介[①]

某实业集团（以下简称"某实业"）、某网络股份有限公司（以下简称"某网络"）共同出资，募集设立了某高新科技股份有限公司（以下简称"某高新"）。某高新是一家致力于提供电信网络技术支撑服务的高科技企业。公司自成立以来，业务一直保持高速增长，其业务范围遍布全国。某高新注册资本总额为1亿元人民币，某实业和某网络分别认购4 500万元和3 500万元，其余2 000万股以公开发行股票的方式向社会募集，每股面值1元。

A证券公司是一家经营业绩良好、规模较大、收益前景非常乐观的证券公司。1998年8月，某高科与A证券公司签订股票承销协议，约定由A证券公司承销某高新股票2 000万股，承销期限为1999年8月1日至1999年9月15日，并在承销期结束时由A证券公司将售后剩余证券全部自行购入。至1999年9月15日承销期届满时，仍有剩余证券未能售出，A证券公司以现有资金不足拒绝将剩余证券全部购入，双方协商不成，某高新遂向人民法院提起诉讼。

二、思考与练习

请根据现行《证券法》分析A证券公司是否必须要把剩余证券全部购入？

三、分析与评点

证券发行是指证券发行人以筹集资金为目的，在证券发行市场，依照法定程序向社会投资者以同一条件要约出售证券的行为。证券发行包括两种方式——直接发行和间接发行。直接发行是指证券发行人不通过证券承销商，直接向投资者发售证券，自行承担证券发行的风险和责任。间接发行是指证券发行人委托证券承销商发行证券，而证券承销商赚取价差收益或手续费。采取何种发行方式，并不完全由当事人意思自治。凡是法律、行政法规要求采取间接发行方式的，发行人必须委托证券公司承销。

---

① 案例来源：马其家，等. 证券法——原理·规则·案例 [M]. 北京：清华大学出版社，2007：65.

我国《证券法》第二十八条规定,"发行人向不特定对象发行的证券,法律、行政法规规定应当由证券公司承销的,发行人应当同证券公司签订承销协议。证券承销业务采取代销或者包销方式。证券代销是指证券公司代发行人发售证券,在承销期结束时,将未售出的证券全部退还给发行人的承销方式。证券包销是指证券公司将发行人的证券按照协议全部购入或者在承销期结束时将售后剩余证券全部自行购入的承销方式"。在本案中,发行人某实业与 A 证券公司签订的承销协议中约定"承销期结束时由 A 证券公司将售后剩余证券全部自行购入",此种约定属于证券包销。因此,承销期满后,A 证券公司应当依法将售后剩余证券全部自行购入,其以资金不足拒绝购入的理由显然不能成立。

【案例四】 基金信息披露监管立法存在的问题

一、案情简介[①]

2006 年 11 月初,被称为"中国开放式基金第一人"的华安基金原总裁韩方河由纪委移交到上海市检察院反贪部门侦查,进入司法程序,原因是其涉嫌从上海沸点投资发展有限公司董事长张荣坤处受贿一套价值 208 万元的住宅。而在此前的 2006 年 10 月 13 日,他已经被有关方面叫去"协助调查"。随着韩方河一案的进展,一起发生于 2000 年初的华安基金与海欣股份(600851.SH)的股价操纵游戏逐渐被揭露。

2006 年 8 月,根据张荣坤供述的线索,中国证监会稽查二局陪同中纪委调查组一行,从相关营业部门调出了当年上海电气等资金参与海欣股份炒作的所有交易记录。当年,海欣股份从 1999 年年中的 7 元至 8 元附近一直上升至 2001 年年中的 25 元。张荣坤通过上海电气、上海工投提供资金,大举建仓买入海欣股份。为确保海欣股份持续上扬,张荣坤让韩方河高位接盘。从公开的季度报告来看,华安旗下的众基金公司皆以增发名义入股。但华安的秘密在于先从二级市场买入筹码,至增发时换成增发的股份。由于信息披露的期限仅为每季度一次,季度之间发生的猫腻便无处可查。张荣坤以此手法,又让海欣的总裁袁永林做足基本面配合,再辅以华安基金接盘,从中牟利。该黑幕曝光后,再度引发各方对公募基金监管问题的关注。

二、思考与练习

结合本案谈谈我国基金信息披露监管的立法及其不足有哪些。

---

① 案例来源:邢海宝. 证券法学原理与案例教程[M]. 北京:中国人民大学出版社,2007:297.

三、分析与评点

为保障基金投资人的合法权益,《中华人民共和国证券投资基金法》(以下简称《证券投资基金法》)规定了基金投资运作过程中信息披露的义务人和应该披露的信息内容。《证券投资基金法》第六十条规定了基金管理人、基金托管人和其他基金信息披露义务人应当依法披露基金信息,并保证所披露信息的真实性、准确性和完整性。《证券投资基金法》第六十二条还规定了应该公开披露的具体基金信息,包括:①基金招募说明书、基金合同、基金托管协议;②基金募集情况;③基金份额上市交易公告书;④基金资产净值、基金份额净值;⑤基金份额申购、赎回价格;⑥基金财产的资产组合季度报告、财务会计报告及中期和年度基金报告;⑦临时报告;⑧基金份额持有人大会决议;⑨基金管理人、基金托管人的专门基金托管部门的重大人事变动;⑩涉及基金管理人、基金财产、基金托管业务的诉讼;⑪依照法律、行政法规有关规定,由国务院证券监督管理机构规定应予披露的其他信息。

同时,为保证基金信息披露的真实、准确、完整,《证券投资基金法》第六十一、六十三、六十四、九十三条还规定了信息披露的法定程序和违法披露信息的法律责任。《证券投资基金法》规定,基金信息披露义务人应当确保应予披露的基金信息在证监会规定的时间内披露,并保证投资人能够按照基金合同约定的时间和方式查阅或者复制公开披露的信息资料。同时,对公开披露的基金信息出具审计报告或者法律意见书的会计师事务所、律师事务所,应当保证其所出具文件内容的真实性、准确性和完整性。上述主体公开披露基金信息时,不得有下列行为:①虚假记载、误导性陈述或者重大遗漏;②对证券投资业绩进行预测;③违规承诺收益或者承担损失;④诋毁其他基金管理人、基金托管人或者基金份额发售机构;⑤依照法律、行政法规有关规定,由国务院证券监督管理机构规定禁止的其他行为。如果基金信息披露义务人不依法披露基金信息,或者披露的信息有虚假记载、误导性陈述或者重大遗漏的,应责令改正,没收违法所得,并处十万元以上一百万元以下罚款;给基金份额持有人造成损害的,依法承担赔偿责任,对直接负责的主管人员和其他直接责任人员给予警告,暂停或者取消其基金从业资格,并处三万元以上三十万元以下罚款;构成犯罪的,依法追究其刑事责任。

虽然《证券投资基金法》做了上述规定,但华安基金案例还是暴露出我国基金运作过程中信息披露存在的问题。我国既有立法规定存在诸多条文过于抽象,又有信息披露程度不宜把握等诸多问题。这种立法的不足很容易被基金公司所利用,本案中华安基金公司就是明证。因此,我国《证券投资基金法》等相关法律、法规还需不断完善,以进一步规范和完善我国证券投资基金的运作与交易秩序。

第十二章 票据法

【案例一】时效届满后持票人的利益返还请求权

一、案情简介[①]

2005年6月22日,某保温瓶厂开具了一张以该厂为出票人、某建筑公司为收款人、某工商银行为承兑人的银行承兑汇票,票面金额为20万元,汇票到期日为1999年12月21日。几经背书后由农业银行贴现并取得了该张汇票。汇票到期后,由于工作人员的失误,农业银行未能在法定期限内提示付款,亦未在汇票到期后的2年内行使追索权。保温瓶厂因资不抵债,于汇票时效期限届满后宣告破产。2008年2月26日,工商银行向保温瓶厂破产清算组提出申请,要求将保温瓶厂按照承兑协议交付给工商银行的20万元用于准备支付票据权利人的款项退还给保温瓶厂,并因保温瓶厂在破产前欠其贷款而要求对该20万元优先受偿。2008年10月23日,农业银行持汇票到工商银行要求付款被拒绝,遂于次日诉至法院,向工商银行主张票据利益返还请求权。法院一审判决以工商银行已退款为由,认定其未享有利益,未支持农业银行的诉讼请求;二审法院认定无论其是否退款,均不能免除其因农业银行的票据权利丧失后受有意外利益而应承担的返还责任,因而支持了农业银行的诉讼请求。

二、思考与练习

本案应如何处理?为什么?

---

① 案例来源:韩茂森,李莹. 票据利益返还请求权的行使不以受有利益为要件 [N]. 人民法院报,2003-12-13. http://rmfyb.chinacourt.org/public/detail.php?id=64678.

三、分析与评点

我国《中华人民共和国票据法》（以下简称《票据法》）第十八条规定："持票人因超过票据权利时效或者因票据记载事项欠缺而丧失票据权利的，仍享有民事权利，可以请求出票人或者承兑人返还其与未支付的票据金额相当的利益。"票据利益返还请求权的行使只需要符合《票据法》规定的条件即可，而不要求出票人或承兑人因持票人的票据权利丧失而实际受有利益。因此，作为持票人的农业银行，在票据时效届满后仍享有对承兑人（工商银行）的利益返还请求权，二审法院的判决是正确的。

【案例二】 伪造出票人签章的票据责任承担

一、案情简介[①]

2004年3月11日，埃司公司持丕莎公司出票并承兑的商业承兑汇票，向某商业银行申请贴现。该商业银行贴现并取得该汇票，并于该汇票到期后，向出票人丕莎公司的开户银行提示付款，但被开户行以出票人存款不足为由退票。该商业银行于是将出票人丕莎公司和背书人埃司公司作为共同被告向法院提起诉讼。出票人丕莎公司辩称，诉争票据上出票人的签章是伪造的，出票人不应承担票据责任。背书人埃司公司未提出异议。经司法部司法鉴定中心鉴定和法院查明，商业汇票上的财务专用章与丕莎公司在开户行预留印鉴卡上的印文一致（由丕莎公司的经办人李珊所为），而经办人员的个人印章（当时保管个人印章的出纳不在，而由埃司公司的法定代表人张翔自行刻制一枚印章）则与预留印鉴卡上的印文不一致。法院作出判决，认定诉争票据为无效票据，丕莎公司不承担票据责任。但是，由于丕莎公司对印章保管不善，客观上与原告利益损失存在一定因果联系，因此，在票据无效的情况下，丕莎公司也应承担侵权责任。

二、思考与练习

1. 本案的票据行为是否合法有效？
2. 本案应如何处理？为什么？

三、分析与评点

依照《票据法》第十四条、第一百零二条、第一百零三条，《最高人民法院关于审

[①] 案例来源：沈敢峰，王永亮. 票据印章一真一假 违规贴现银行受损 [N]. 人民法院报，2005-08-29. http：//rmfyb.chinacourt.org/public/detail.php?id=87214。

理票据纠纷案件若干问题的规定》第六十六条、第六十七条,"票据出票人在票据上的签章上不符合票据法以及下述规定的,该签章不具有票据法上的效力:(一)商业汇票上的出票人的签章,为该法人或者该单位的财务专用章或者公章加其法定代表人、单位负责人或者其授权的代理人的签名或者盖章";"具有下列情形之一的票据,未经背书转让,票据债务人不承担票据责任,已经背书转让的,票据无效不影响其他真实签章的效力:①出票人签章不真实的;②出票人为无民事行为能力人的;③出票人为限制民事行为能力人的";"伪造、变造票据者除应当依法承担刑事、行政责任外,给他人造成损失的,还应当承担民事赔偿责任。被伪造签章者不承担票据责任"。由于出票人丕莎公司的签章是伪造的,相应地,本案的出票行为无效,出票人丕莎公司不应承担票据责任。但是,背书人埃司公司仍应对背书行为承担票据责任。

【案例三】低价转让票据的行为的效力

一、案情简介①

法院审理查明,2006年5月9日,浙江长兴锦诚耐火材料公司业务员张广敏接受江山市何家山水泥公司以银行承兑汇票形式给付的15万元货款后,没有将汇票上交公司,贴息4 000元后转让给了江山市叶氏塑料机械配件店业主叶冰化。得款后,张广敏向公司谎称汇票丢失,锦诚公司遂向张家港法院申请对上述出票人为张家港宏盛毛纺公司的承兑汇票公示催告。催告期间,叶冰化进行申报,法院裁定终结催告程序。之后,张广敏因涉嫌犯罪被收缴全部赃款后,警方将赃款退还给了叶冰化,但叶冰化拒绝将涉案承兑汇票归还锦诚公司。法院审理后认为,锦诚公司因交易关系取得票据而成为票据权利人,因而判决涉案承兑汇票的票据权利属于锦诚公司所有。

二、思考与练习

1. 票据丢失后,如何救济?
2. 该汇票转让是否有效?为什么?
3. 本案汇票的权利应归谁所有?为什么?

三、分析与评点

出票人已经签章的授权补记的支票丧失后,失票人依法向人民法院申请公示催告

---

① 案例来源:陈祥. 汇票占有人依法丧失票据权利 [N]. 人民法院报,2007-08-20. http://rmfyb.china-court.org/public/detail.php? id=111886.

的，人民法院应当依法受理。收到挂失止付通知的付款人，应暂停支付。失票人应在通知挂失止付后3日内，也可以在票据丧失后，依法向人民法院申请公示催告或者向人民法院提起诉讼。注意此处的可以申请公示催告的失票人，是指按照规定可以背书转让的票据在丧失票据占有以前的最后合法持票人。这是票据丧失时的法定补救途径。

该汇票转让行为无效。主要理由是：票据善意有偿取得，是票据转让取得的重要组成部分，是指持票人取得票据时不知也不应知转让票据者无处分票据权，并以相当价值取得票据的方式。善意有偿取得的条件包括善意和对价。善意是指持票人取得票据时不知也不应知出让人无处分票据权。票据取得应遵循诚实信用原则，以恶意或有重大过失而取得票据者，不得享有票据权利。对价是指取得票据应支付相当价值。因税收、继承、赠与可以依法取得票据，不受给付对价的限制。无偿或不以相当价值取得票据的，其享有的票据权利不得优于其前手的权利。本案中，叶冰化接受转让时有一定的对付，但其不构成善意和对价，不应构成有效的善意取得行为。

正因为上述票据转让行为不构成有效的善意取得行为，因此叶冰化不应享有票据权利，相关票据权利属于锦诚公司所有，法院的判决是正确的。

【案例四】附条件的票据保证的效力

一、案情简介[①]

甲公司签发金额为1 000万元、到期日为2006年5月30日、付款人为大满公司的汇票一张，向乙公司购买A楼房。甲乙双方同时约定：汇票承兑前，A楼房不过户。其后，甲公司以A楼房作价1 000万元、丙公司以现金1 000万元出资共同设立有限公司丁。某会计师事务所将未过户的A楼房作为甲公司对丁公司的出资予以验资。丁公司成立后占有并使用A楼房。2005年9月，丙公司欲退出丁公司。经甲公司、丙公司协商达成协议：丙公司从丁公司取得退款1 000万元后退出丁公司；但顾及公司的稳定性，丙公司仍为丁公司名义上的股东，其原持有丁公司50%的股份，名义上仍由丙公司持有40%，其余10%由丁公司总经理贾某持有，贾某暂付200万元给丙公司以获得上述10%的股权。丙公司依此协议获款后退出。据此，丁公司变更登记为：甲公司、丙公司、贾某分别持有50%、40%和10%的股权；注册资本仍为2 000万元。丙公司退出后，甲公司要求丁公司为其贷款提供担保，在丙公司代表未到会、贾某反对的情况下，丁公司股东会通过了该担保议案。丁公司遂为甲公司从B银行借款的500万元提供了连带责任保

[①] 来源：2006年国家司法考试卷四二题。

证担保，同时，乙公司亦将其持有的上述 1 000 万元汇票背书转让给陈某。陈某要求丁公司提供担保，丁公司在汇票上签注："同意担保，但 A 楼房应过户到本公司。"陈某向大满公司提示承兑该汇票时，大满公司在汇票上批注："承兑，到期丁公司不垮则付款。"2006 年 6 月 5 日，丁公司向法院申请破产获受理并被宣告破产。债权申报期间，陈某以汇票未获兑付为由、贾某以为丁公司代垫了 200 万元退股款为由向清算组申报债权，B 银行也以丁公司应负担保责任为由申报债权并要求对 A 楼房行使优先受偿权。同时乙公司就 A 楼房向清算组申请行使取回权。

二、思考与练习

1. 丁公司对汇票的保证是否有效？为什么？
2. 陈某对丁公司是否享有票据追索权？为什么？

三、分析与评点

　　丁公司对汇票的保证有效。其理由在于：陈某要求丁公司提供担保时，丁公司在汇票上签注"同意担保，但 A 楼房应过户到本公司"。这表明丁公司的担保行为属于附条件的担保。我国《票据法》第四十八条规定，保证不得附有条件；附有条件的，不影响对汇票的保证责任。因此，丁公司的担保行为有效。

　　陈某对丁公司享有票据追索权。其理由在于：首先，陈某向大满公司提示承兑该汇票时，大满公司在汇票上批注"承兑，到期丁公司不垮则付款"。这表明大满公司在承兑时附了条件。我国《票据法》第四十三条规定，付款人承兑汇票，不得附有条件；承兑附有条件的，视为拒绝承兑。由此看来，大满公司拒绝承兑。其次，在拒绝承兑的情况下，持票人对本案中的保证人享有追索权。根据《票据法》的规定，票据的出票人、背书人、承兑人和保证人对持票人承担连带责任。持票人可以不按票据债务人的先后顺序，对其中任何一人、数人或者全体行使追索权，持票人对票据债务人中的一人、数人已经追索的，对其他票据债务人仍可以行使追索权。因此，陈某对丁公司（作为保证人）享有票据追索权。（附带说明的是，陈某还可以对出票人甲公司行使追索权）

【案例五】 银行对其承兑的他人欺诈出票的票据兑付责任

一、案情简介[①]

甲公司对丙公司负有800万元债务,债务履行期限为1998年12月1日,乙公司是该债务的保证人。1998年11月,甲公司与乙公司合谋,捏造了购销合同一份,甲公司向乙公司开出即期商业汇票一张,金额800万元,甲公司持汇票和购销合同向某银行申请承兑。银行审查甲公司账户后,发现账户资金充足,故对该汇票予以承兑。乙公司于1998年12月11日将该汇票背书转让给丙公司。丙公司随后向银行提示付款,银行发现甲公司经营不力且账户资金不足,拒绝兑付汇票。丙公司遂诉至法院,要求银行兑付该汇票。法院判决银行向丙公司兑付该汇票。

二、思考与练习

1. 票据与购销合同是什么关系?
2. 本案银行是否应兑付?为什么?

三、分析与评点

票据具有无因性、文义性,其与购销合同是独立的法律关系。

银行一经承兑商业汇票就成为承兑人,从而应承担兑付票据的责任,否则应承担相应的票据责任。其理由在于:甲公司的出票行为因欠缺真实意思表示而无效,但票据行为具有独立性,出票行为是否有效并不影响其他票据行为的效力,因而丙公司善意持有该汇票,依法应予保护。另外,基于票据的文义性与无因性,丙公司无法考察某银行的承兑是否真实成立,只要该汇票形式完备、票据出票行为与承兑行为在形式上合法有效,那么某银行就不得以承兑行为欠缺实质要件而无效为由,因此不得对抗善意持票人丙公司。

[①] 袁华演. 无效票据行为与票据义务承担 [N]. 人民法院报, 2003 - 10 - 23. http://rmfyb.chinacourt.org/public/detail.php? id = 62780.

第十三章

现代竞争法

【案例一】 比较广告与不正当竞争行为

一、案情简介①

原告广州高露洁棕榄有限公司系（美国）高露洁棕榄有限公司在华设立的外商投资企业，主要生产和销售"高露洁"和"棕榄"牌的口腔护理产品和个人护理产品。继（美国）高露洁棕榄公司推出"高露洁捷齿白美白液"产品后，原告于2003年3月开始在中国市场经销该产品，该产品作为中国市场至今唯一的涂抹式牙齿美白液产品，深受中国消费者青睐。被告宝洁（中国）有限公司与被告广州宝洁有限公司系母公司与子公司关系，其经营的产品包括口腔护理产品，与原告存在竞争关系。自原告推出"高露洁捷齿白美白液"产品后，二被告于同年11月开始在中国市场推出"佳洁士深层洁白牙贴"产品，被告广州浩霖贸易有限公司负责销售该产品。三被告在销售"佳洁士深层洁白牙贴"产品时，采取在市场上散发广告单和在互联网上刊登广告等方法，向公众散布"'佳洁士深层洁白牙贴'产品效果是涂抹式美白牙齿液产品的三倍""一般的牙齿洁白产品（如洁白牙膏、美白牙齿液），只能去除牙齿表面的部分污渍""美白牙齿液往往于涂上后数分钟便被唾液冲掉而大量流失，洁白成效相对偏低"等虚假陈述，贬低涂抹式美白牙齿液产品的效果。

原告据此请求法院确认三被告散布的不当陈述构成以对比广告手法贬低竞争对手（原告）的产品和捏造、散布虚假事实损害原告商业信誉、商品声誉以及利用广告作引人误解的虚假宣传的不正当竞争行为，并要求三被告停止不正当竞争行为。三被告认为原告指控三被告侵权并无事实依据和法律依据，并认为原告并无证据证明其是"高露洁

---

① 案例来源：北大法律信息网. http://vip.chinalawinfo.com/newlaw2002/SLC/SLC.asp? Db = fnl&Gid = 117453374.

捷齿白美白液"产品的经营者,也不能证明其在经营"高露洁捷齿白美白液"产品过程中享有《中华人民共和国反不正当竞争法》(以下简称《反不正当竞争法》)中规定的经营者的权利,因而其不具有本案中的原告主体资格,请求法院判决驳回原告的诉讼请求。

后上海市第二中级人民法院经审理后判决被告的行为构成捏造、散布虚假事实损害原告商业信誉、商品声誉和利用广告作引人误解的虚假宣传以及采取不当对比广告手法贬低原告的不正当竞争行为。被告不服,起诉到上海市高级人民法院。后原告与被告达成和解协议,撤回上诉。

二、思考与练习

1. 因比较广告而受到损害的经营者的提起诉讼资格是否以其是唯一的被比较商品经营者为条件?

2. 被告宝洁(中国)有限公司、被告广州浩霖贸易有限公司发布、散布上述系争广告的行为是否构成对原告广州高露洁棕榄有限公司的不正当竞争?

三、分析与评点

(一)因比较广告而受到损害的经营者提起诉讼的条件

比较广告(Comparative Advertising),指的是在广告中将自我品牌同其他竞争品牌相比较,以特别突出自我品牌某方面的特性,使受众接受该品牌比对比品牌更优越、更适合目标消费者的主张。

法院认为,"原告是'高露洁捷齿白美白液'商品的经销商,且该商品在本案纠纷发生时是中国市场上唯一的涂抹式牙齿美白商品,原告符合《反不正当竞争法》中规定的经营者的身份,原告认为被告散布的广告构成对其经营行为的不正当竞争而以原告身份提起诉讼,于法有据"。以上论述使人感觉到,如果原告所经销的商品不是"唯一的涂抹式牙齿美白商品",即本案系比较广告中的被比较商品,则原告不具有诉讼权。

从比较广告的范围来看,比较广告不仅包括直接指明被比较的经营者,或从所指明的具体商品和服务中可间接地识别出被比较经营者的直接比较广告,还包括没有点明比较者,而是与同行业不特定的竞争对手进行比较的间接比较广告。本案系争比较广告中所宣传的商品是"佳洁士深层洁白牙贴",被比较的商品为"一般涂抹式的美白牙齿液"和"一般的牙齿洁白产品(如洁白牙膏、美白牙齿液)"。本案系争广告虽然没有指明被比较经营者的名称,但由于原告所生产的"高露洁捷齿白美白液"是中国市场上唯一的"涂抹式牙齿美白商品",消费者可能因此而识别出被比较的经营者就是原告,从这一点来说,本案系争广告具有直接比较的方式。但即便是间接比较广告,任何竞争对手,作为众多的生产被比较商品或服务的经营者之一,都可以以该比较广告构成不正当竞争侵犯其合法权益为由提起诉讼。

(二) 不正当竞争行为的构成

依照《反不正当竞争法》第十四条、第九条以及《中华人民共和国广告法》的规定，比较广告应当遵循法律规定的公平、诚实信用的原则和公认的商业道德，应当遵循比较广告的行为准则，即对比的内容应当以可以证明的具体事实为基础，不得采用直接的比较方式，使用的语言、文字的描述应当准确，广告中所作的比较必须在一定的限度范围内而且只能陈述一种客观事实，不能片面夸大，不得借以贬低其他经营者的商品或服务。从本案查明的事实来看，本案系争比较广告宣传的商品即"佳洁士深层洁白牙贴"是由美国宝洁公司制造，由被告广州浩霖贸易有限公司经销，被告宝洁（中国）有限公司不是该商品的经销者，但在其网站上发布了有关"佳洁士深层洁白牙贴"的两则广告信息。根据上述事实，宝洁（中国）有限公司在上述广告活动中的身份决定了其所要承担的民事责任，而其身份又可以从《广告管理法》和《反不正当竞争法》的两种角度来分析。

按照《广告管理法》的规定，宝洁（中国）有限公司在上述广告活动中的身份，应当属于广告发布者的身份，而非广告主的身份，因为系争比较广告并不是为了介绍宝洁（中国）有限公司所推销的商品。在这种情况下，根据《广告管理法》第三十八条有关虚假广告的民事责任承担的规定，宝洁（中国）有限公司应当与该广告的广告主承担连带赔偿责任。当然，这其中还涉及网络广告中广告活动主体是否可依据广告法确定的问题、宝洁（中国）有限公司是否有资格发布网络广告的问题等。

本案的裁决是从《反不正当竞争法》的角度来确定宝洁（中国）有限公司在上述广告活动中的身份的。法院认为：被告宝洁（中国）有限公司虽没有经销"佳洁士深层洁白牙贴"商品，但因其经营牙齿护理商品而与原告存在事实上的竞争关系，其发布网站广告，捏造、散布虚假事实，损害竞争对手原告的商业信誉、商品声誉，构成《反不正当竞争法》第十四条所规定的不正当竞争行为，应当承担赔偿责任。

可见，《广告法》和《反不正当竞争法》的有关规定存在冲突，不仅体现在主体的规定上，而且还体现在其他方面，如《广告管理法》第三十七条和《反不正当竞争法》第二十四条对于发布虚假广告的行政罚款的设定，在罚款数额上差距悬殊。上述冲突应当在《广告法》修改时予以消除。

【案例二】律师事务所与《反不正当竞争法》所称经营者的范围

一、案情简介[①]

1999年6月28日，被告湖北普济律师事务所在《宜昌日报》第四版刊登整版启事，题为"热烈祝贺宜昌涉外经济律师事务所成立二十周年，暨更名为湖北普济律师事务所"。该启事对普济律师事务所的历史渊源、发展成就及人员组成、学历程度进行了介绍。五原告（湖北恒德信、天宜、七君、诚业、前锋律师事务所）认为上述内容颇有不实，被告搞不正当竞争，遂向宜昌市司法局进行投诉，同时向宜昌市西陵区人民法院提起诉讼。

五原告诉称：被告普济律师事务所为招揽律师业务，在广告中进行了大量不符合该所实际的宣传，借以吹嘘、炫耀、抬高自己，贬低、排斥同行，进行不正当竞争，其行为已构成不正当竞争行为。被告辩称原告所诉争议不属于人民法院受案范围，应驳回其诉讼请求。宜昌市西陵区人民法院经审理后作出驳回起诉的裁定。

五原告不服一审判决，提起上诉称原审从受案到作出裁定，历时一年多，程序严重违法；五原告及被告律师事务所是依法从事营利性服务的经济组织，属于《反不正当竞争法》规定的"经营者"范畴。被告普济律师事务所辩称律师事务所不属营利性经济组织，而是律师开展执业并为社会提供法律服务的非营利性机构。律师事务所从事法律服务收取报酬并缴纳营业税并不说明律师事务所是营利性经营者。《律师法》及《合伙律师事务所管理办法》并没有就律师事务所的性质作出规定。

宜昌市中级人民法院经审理认为：法律规定人民法院在审理案件过程中，根据情况可在履行有关手续后适当延长审限。五原告以一审法院审案历时过长而认为一审程序违法依据不足。

五原告与被告之间的争议业经双方的主管部门宜昌市司法局多次出面协调处理，并提请湖北省司法厅裁处，湖北省司法厅已复函认为被告的行为"尚不构成不正当竞争"。律师事务所不完全等同于从事商品经营或营利性服务的经营单位。因此，本案不宜由人民法院审理。宜昌市中级人民法院据此作出裁定：驳回上诉，维持原裁定。

二、思考与练习

1. 法院应否受理本案原告的起诉？
2. 本案原、被告双方的纷争是否适用《反不正当竞争法》调整？

[①] 案例来源：[作者不详]. 人民法院案例选. 2002：4辑.

三、分析与评点

在诉讼中，双方争议的焦点不在于一方的行为是否构成不正当竞争并因此而承担责任，而在于人民法院是否应以民事争议受理本案。具体分歧又体现在：①律师事务所是否属于《反不正当竞争法》中规定的"经营者"范畴；②律师事务所之间发生不正当竞争争议后，能否运用司法救济手段，还是仅能以行政途径解决。

《反不正当竞争法》中所称的经营者，是指从事商品经营或者营利性服务（以下所称"商品包括服务"）的法人、其他经济组织和个人。可以看出，《反不正当竞争法》限于调整在中华人民共和国境内从事市场交易活动，限于监督向市场提供商品或者营利性服务（统称商品）的经营者在经营活动中，是否存在违背诚实信用原则和公认的商业道德，损害或者可能损害其他经营者合法权益、扰乱社会经济秩序的行为。

《反不正当竞争法》调整的主体及不正当竞争行为与律师事务所以及它们之间的不正当竞争行为至少在以下几方面存在不同：①前者从事的是市场交易活动，市场交易活动受市场供求关系影响的价格变动规律的制约，而后者从事的律师执业活动则不受市场价格变动规律的影响。《中华人民共和国律师法》（以下简称《律师法》）规定，律师收费的具体办法，由国务院司法行政部门制定，报国务院批准。②前者扰乱的是社会经济秩序，后者扰乱的是律师执业秩序。③对《反不正当竞争法》中的"经营者"，要求其在经营活动中遵循的是自愿、平等、公平、诚实信用等市场交易原则，遵守公认的商业道德。对律师及律师事务所的执业活动，虽也要求其遵循公平、平等、信用的原则，但更强调的是其要遵守职业道德和执业纪律。④市场交易主体以追求最大利润为目标，这就决定了其在经营活动中要受到该目标利益驱动机制的影响。而律师及律师事务所的任务和作用是维护当事人的合法权益，维护法律的正确实施，发挥律师在社会主义法制建设中的积极作用。律师的职责决定了律师事务所不能以营利为目的开展法律服务活动，否则必将导致律师及律师事务所为了追逐金钱而唯利是图，当事人的合法权益及法律的正确实施将无法保障。律师事务所不符合《反不正当竞争法》中规定的从事"营利性服务"的主体，律师事务所之间发生的不正当竞争争议亦不属于《反不正当竞争法》中界定的不正当竞争行为。

从上述角度分析，原告以被告的行为违反《反不正当竞争法》并据此要求被告承担相应责任的诉求缺乏法律依据。一审法院以本案争议不属于《反不正当竞争法》调整的范围，应属于《律师法》调整的范围为由驳回原告的起诉似有道理。

对于不正当竞争争议，《反不正当竞争法》规定了两种处理程序。一是被侵害人可以直接向人民法院提起民事诉讼，情节严重构成犯罪的不正当竞争行为则通过刑事诉讼程序进行制裁，此为司法解决途径。二是有关行政部门对侵害人采取行政措施，此为行政解决途径。对于律师事务所之间的不正当竞争争议，《律师法》及司法部第37号令《关于反对律师行业不正当竞争行为的若干规定》等均规定了行政解决方式，如警告、停止执业、没收非法所得等行政处罚；如对司法行政部门作出的行政处罚不服的，还可向上一级司法行政部门申请复议，对复议决定不服的，可提起行政诉讼，也可直接向人民法院提起诉讼。上述规定表明，对律师事务所之间发生的不正当竞争争议，由司法行政部门进行行政处理无疑是一种解决途径。被告所称律师事务所之间的不正当竞争争议应由司法行政部门处理的主张成立。

但《律师法》只规定了从事不正当竞争行为的律师或律师事务所应当承担的行政责任，而未对其应当承担的民事责任作出规定，以及《反不正当竞争法》并未将律师或律师事务所之间的不正当竞争争议纳入其调整范围，是否就意味着律师或律师事务所之间的不正当竞争争议只能通过行政途径来解决，而人民法院对此类争议不能行使主管权呢？笔者认为，律师事务所之间发生的不正当竞争争议属于平等主体间的财产争议或人身争议，属于我国《民法通则》规定的民法调整对象。国家设立的律师事务所有自己独立的财产，对外独立承担民事责任；合伙律师事务所的合伙人对该律师事务所的债务承担无限责任和连带责任，律师事务所在其执业活动中有其财产利益和人身利益，是民事活动的主体。一家律师事务所的不正当竞争行为损害了其他律师事务所的人身利益（如诋毁其他律师事务所涉及侵害他人名誉，同时又是一种不正当竞争行为）和财产利益，如果仅仅受到行政处理，而无需承担对遭受实质损害的其他律师事务所的民事责任，这本身有违民法的基本原则，有损害即有赔偿，即使在行政解决过程中，亦有可能涉及一方对另一方的责任承担问题，但这种责任承担是民事上的责任，由司法行政部门作出是没有法律强制性的。维护律师事务所在他方律师事务所不正当竞争行为中的财产利益和人身利益，司法仍是最后一道防线。

从上述角度分析，本案一审、二审法院驳回原告起诉似又不当，法院理应受理本案并从实体上进行审理。这与前面分析得出的结论是矛盾的。笔者认为，这事实上是一个法律适用的漏洞问题。原告要求按《反不正当竞争法》追究被告的侵权责任，但《反不正当竞争法》却并不调整此类争议，但此类争议又符合《民法通则》规定的平等民事主体之间发生的民事争议。我国对不正当竞争行为的调整，主要在《反不正当竞争法》及其特别法如《商标法》《专利法》《著作权法》《产品质量法》等法律中有规定，而《民法通则》中是没有具体规定的。如适用《民法通则》处理此类争议，缺乏可操作性。笔者建议《反不正当竞争法》可将律师事务所这类特殊的"经营"主体纳入其调整范围，使律师事务所之间发生的不正当竞争争议的处理真正有法可依。具体到本案争议的处理，鉴于司法行政部门已经介入，且对被告的行为定性"尚不构成不正当竞争"，人民法院再从实体上来审查被告的行为是否构成不正当竞争是不适宜的，从这个角度上看，二审法院驳回原告的起诉是妥当的。

【案例三】真实但贬低竞争对手的广告与《反不正当竞争法》规制的对象

一、案情简介[①]

原告声称，1998年9月4日及5日，被告在未经原告许可的情况下，在《成都晚报》和《成都商报》上以广告的形式使用原告名称，并利用报刊刊登对比性和申明性广告，制造和散布贬损原告商业信誉、商品声誉的广告用语，对原告的商业信誉和经营业绩已造成了不可估量的损害，已构成了对原告的严重侵权。故原告请求法院判令被告停止对原告的侵权，向原告赔礼道歉，并判令被告赔偿原告经济损失20万元。

被告金龙渔港辩称，被告在报纸上刊登广告，是由于原告天天渔港发生中毒事件后，有许多消费者误认为是被告金龙渔港发生的事件，对本渔港的经营造成了影响，故而才通过报刊发表陈述与声明。被告撰写的两篇文章所载明的内容真实，并没有侮辱、诽谤的言词和事实。请求法院驳回原告的诉讼请求。

成都市高新区人民法院经审理认为，被告在《成都晚报》和《成都商报》所刊登的文章，应属一种广告，广告的发布应遵守《中华人民共和国广告法》的规定。被告金龙渔港在所发布的两次广告中均提及"菜品正宗卫生，生猛海鲜鲜活健康，绝无冻品"的字样，并将天天渔港的中毒事件与此广告宣传在同一广告栏中发布，采取对比形式，使消费者易产生认同误导，让人误以为天天渔港的海鲜不鲜活、有冻品、不卫生，以至于发生中毒事件。被告在原告的中毒事件未查出原因的情况下，借中毒事件的事实，采取不正当竞争的手段，贬低竞争对手的名誉，侵害了原告的名誉权，应承担侵权的民事责任，并应适当赔偿原告的损失。后被告不服，提出上诉，在上诉期间双方达成和解协议。

二、思考与练习

真实但贬低了竞争对手的广告，是否属于《反不正当竞争法》规制的对象？

三、分析与评点

本案系争广告的发布是出于澄清事实的考虑而发布的，属于事出有因，不像一般的比较广告，其直接目的是为了突出自己产品或服务的优势，从而影响消费者的消费行为。但只要其提及了同业竞争者的名称，在性质上就属于比较广告，就应当遵守比较广

[①] 案例来源：[作者不详]. 人民法院案例选. 2006：4辑.

告的要求。

从本案系争广告的内容来看，其所披露的天天渔港五天四起中毒事件属于客观发生的事实。这就引发一个问题——难道比较广告披露了被比较者的真实情况，广告主也要因此而承担责任吗？在此，我们需要深入理解比较广告的真实性要求。真实性实际上是所有广告的第一要求，是《广告法》的核心原则。比较广告当然也要遵守这一要求。广告的真实性不仅要求广告所宣传的具体事项与实际情况一致，而且要求广告给受众的整体印象是真实的。在本案系争广告中，虽然被告所宣传的发生于原告处的五天四起中毒事件是真实的，但被告在广告中没有提及中毒事件的原因，并强调其"菜品正宗卫生，生猛海鲜鲜活健康，绝无冻品"，这样给广告受众的印象就是，天天渔港的中毒事件是由于菜品不卫生、海鲜有冻品不健康而造成的。被告无法证明广告给消费者的上述整体印象是真实、与实际情况相符的，应当承担因此而给原告商誉造成的损害。被告发布系争比较广告的行为之所以构成侵权就是因为被告只选择了部分事实予以披露，而对最能影响消费者对原告的评价的中毒事件原因未作任何提及，从而造成了消费者对于原告的误认。

本案适用了《广告法》第四十七条第（三）项进行裁决，该规定的内容是，广告主、广告经营者、广告发布者违反本法规定，贬低其他生产经营者的商品或者服务的，依法承担民事责任。应当说，任何批评性的比较广告，在突出宣传自己商品或服务的优势的同时，都会"贬低"其他生产经营者的商品或者服务，其他生产经营者都会因此而受到损失。但是，这种损失是市场经济自由竞争的必然结果，最终是有利于经济发展和消费者的利益的。我们需要反对的"贬低"广告应当是由于其虚假、误导而产生的贬低。正如《反不正当竞争法》第十四条所规定："经营者不得捏造、散布虚伪事实，损害竞争对手的商业信誉、商品声誉。"在此，该规定强调了损害的原因是虚伪事实。也就是说，如果广告是真实的而且没有误导的内容，则即使产生了"贬低"竞争者的效果，也不构成侵权。

【案例四】纵向垄断协议中控制最低转售价格之处理

一、案情简介①

1991年，Leegin创意皮革公司推出一款名为Brighton的皮带。该款皮带迅速在女性消费者中打开市场并成为流行品牌，销量颇好。1995年，Leegin公司开始以其Brighton

---

① 案例来源：北大法律信息网，http://vip.chinalawinfo.com/newlaw.

品牌旗下产品向 PSKS 公司供货，PSKS 公司投入大量资金用于 Brighton 品牌的广告营销，这一举措使得 Brighton 系列产品迅速成为 PSKS 公司赢利最丰的商品，为其带来的收益一度占据 PSKS 公司利润总额的 40%～50%。1997 年，Leegin 公司推行"Brighton 品牌零售定价及促销行动"。这一措施要求经销商不得以低于 Leegin 公司规定的零售价销售 Brighton 品牌饰品，否则 Leegin 公司有权停止向其供货，但因经营状况不佳而准备歇业的商户可不受此限制。Leegin 管理层在致 Brighton 品牌经销商的公开信中强调这项举措"在保证零售商有足够的利润空间同时，可以促使各经销商带给消费者更细致的服务，从而使 Brighton 品牌的品质得到有效保障。折扣销售只会影响的品牌形象和公司声誉。"随后 Leegin 公司又引入"旗舰店计划"。经销商成为旗舰店后能得到供货方面的优惠，但必须按照 Leegin 公司建议的零售价出售 Brighton 品牌商品。PSKS 公司成为首批旗舰店。2002 年 11 月，Leegin 公司在发觉 PSKS 公司旗下饰品店对所有 Brighton 品牌商品一律 8 折出售后，遂要求 PSKS 公司停止折扣销售的行为。PSKS 公司辩称与其有竞争关系的经销商也在降价销售 Brighton 品牌产品，自身的折扣行为是为应付激烈的市场竞争不得已而为之，仍坚持其降价行为。随后 Leegin 公司停止向 PSKS 公司供货。这一举措使 PSKS 公司饰品销售业绩大幅下滑。

PSKS 公司随即以 Leegin 公司与经销商达成控制转售价格协议，违反《谢尔曼法》第一条为由向德克萨斯州东部地区法院提起反垄断诉讼，并要求损害赔偿。Leegin 公司请求提供专家证言以证明其定价策略能够促进市场竞争。地区法院裁决根据 Dr Miles 一案中确定的本身违法原则对该证言不予采纳。PSKS 公司指控 Leegin 公司"旗舰店计划"实质即为固定价格行为，Leegin 公司则辩称其行为是在不违反《谢尔曼法》第一条的情况下作出的单方面定价，并非《谢尔曼法》所规定之"协同行为"。最终法院裁定 PSKS 公司胜诉，并依照《谢尔曼法》第十五条之"三倍赔偿原则"对 Leegin 公司处以巨额罚款。

Leegin 公司对一审判决不服，向联邦第五巡回上诉法院提起上诉。在上诉中，Leegin 公司不再否认其与 Brighton 品牌零售商达成纵向价格协议，而是辩称应采用"合理原则"对纵向价格协议进行反垄断审查。上诉法庭以联邦最高法院在以往判例中一直采用本身违法原则为由驳回 Leegin 公司请求，维持原判。以此为基础，上诉法院裁定地区法院排除专家证言并非滥用司法裁量权，因为本身违法原则并不否定企业行为客观上存在有利经济的影响，只要企业实施特定行为即构成违法。上诉法院决定在限定最低转售价格案件中是否继续适用本身违法原则移交联邦最高法院决定。

2007 年 6 月联邦最高法院经过审理明确否决了 1911 年迈尔博士医药公司案所确立的实质违法原则，并由代表多数意见的肯尼迪大法官撰写判决。其理由为：根据《反托拉斯法》，本身违法原则应限于审查明显严重损害产出的限制性行为，转售价格维持协定却对市场竞争具有双重性影响。肯尼迪大法官强调：经济学文献提出足够的论证，转售价格维持协定在特定环境下可能损害竞争（如有助于达成卡特尔等），但同样会具有促进竞争的效果（如促进品牌间的竞争，有利于新公司的加入等）。鉴于其促进市场竞争的可能性，大多数法官认为转售价格维持不应适用本身违法原则，而应采用合理原则对转售价格维持协定进行个案分析。因此，最高法院最后决定，撤销第五巡回上诉法院的判决并发回重审。在限定最低转售价格案件中一直适用的实质违法原则被推翻。

二、思考与练习

1. 纵向垄断协议中控制最低转售价格的行为对市场竞争可能存在哪些影响？
2. 本案美国最高法院最终推翻了适用本身违法原则的先例，美国反垄断执法部门对该类行为审查存在怎样的变化？
3. 鉴于控制最低转售价格的行为对于经济影响的双重性，本案应当适用合理原则还是本身违法原则对其进行审查？

三、分析与评点

（一）控制最低转售价格行为的性质及其影响

1. 控制最低转售价格的概念及性质分析

限制转售价格，又称维持转售价格、垂直之价格限制，指事业与交易相对人约定，就供给之商品转售与第三人时，或第三人再为转售时，应遵守一定之价格。例如上游事业将产品卖给批发商时，同时规定该批发商须以一定价格转卖给零售商，并且要求零售商仅能以特定价格再转卖给最后消费者，如有违反约定者，则对于交易相对人给予违约金处罚、断绝供给、取消折扣、现金提货等经济制裁手段。[①]

控制转售价格往往表现为生产商或销售商之间的协议或某种默契，这似乎体现着市场经济中的契约自由。然而随着生产商垄断地位的形成，这种行为常被其滥用于扩张自身利益、蚕食下游销售商自由定价权，这往往是强势一方以断货、罚款等强制方式推进的。现代市场经济条件下控制转售价格行为，是制造商与零售商单独或共谋达到限制竞争目的的经济垄断行为，为典型的纵向限制竞争行为，应当进入反垄断法的关注视野。与横向限制对竞争的单方面破坏后果不同，纵向限制对经济生活具有积极促进和消积阻碍双重作用。维持转售价格所独具的垂直性兼价格性特征往往对企业竞争的影响更为间接和复杂，它对市场效率的效果不必然是积极或消极，正是这种行为影响的双重性使得不论在理论还是实践上对于控制转售价格的反垄断审查都应当更为审慎。

2. 该行为对市场竞争的影响

控制转售价格行为是在不具有直接竞争关系的厂商之间形成的，不同的经济学派对于其影响给出了不同解释。传统经济观点认为维持转售价格会妨碍下游销售商的自由定价权、限制下游销售商之间的价格竞争，不利于市场竞争，因此长期以来传统经济学派

---

① 赖源河. 公平交易法新论［M］. 北京：中国政法大学出版社，2002：271.

将其认定为反垄断应规制之违法行为,这也是以价格和成本为分析对象的哈佛学派所支持的观点。但随着以波斯纳等学者为代表的芝加哥学派的兴起,美国法院受到经济效益的影响,对纵向价格限制的态度开始松动。① 该学派认为维持转售价格能够促进不同品牌商品之间的竞争、提升资源分配的效率,因此符合反垄断法促进竞争的目的,应当为合法行为。不同学派间关于控制价格转售行为的利弊分析主要有以下几点:

控制转售价格的危害主要有:首先,上下游企业间的转售价格维持协议剥夺了下游企业的自主定价权、限制了下游企业的经营自由,使得下游厂商不能根据各自面临的竞争状况和成本结构开展价格竞争,导致价格信号机制无法正常发挥作用。其次,转售价格维持协议是变相地在下游销售商之间形成横向定价协议,可能对上游厂商或下游厂商之间的横向价格卡特尔起到促进和巩固作用,减轻了下游企业降低成本的压力,甚至会损害下游企业总体的经济活力。② 再次,上下游企业为了双方存在的一致利益而达成协议,通过维持转售价格实现利益共享,这样的安排限制品牌内的竞争,易于维持市场高价。最后,控制转售价格侵害了消费者的选择权,这无异于将一固定价格强加于消费者。产品的高度统一无法满足消费者不同的利益诉求。

同时,控制转售价格对市场竞争可能带来的积极影响有:首先,可以避免下游厂商的恶性竞争。在保证生产商和销售商的共同利益的同时,避免了无休止的恶性竞争所造成的资源浪费,最终实现相对合理的资源配置。同时,统一同一品牌的价格对于促进不同品牌之间的竞争具有促进作用——这才是反垄断法孜孜追求的目标。其次,可以促使下游销售商向消费者提供个性化服务,使得销售商在商品之外提供更多的附加服务,正如本案中 Leegin 公司管理层致广大销售商公开信中所声称的"带给消费者区别于量贩式服务的个人体验"。再次,控制转售价格可以保证市场的相对稳定,推动更多的厂商进入批发、零售市场,使得销售商的市场进入风险大为降低。这一行为同样减少了消费者为寻找售价最低的零售商而付出过多的精力和成本。

以上不同学派之间关于控制转售价格利弊的争论恰恰反映了该行为对市场竞争影响的不确定性。反垄断法目的在于保护竞争,实现经济效益最大化。当一种行为的影响具有不确定性时,就不能当然认定其违法,而应当根据个案情况,运用相应原则进行个别处理,如此方能实现市场的效率与公平。

(二) 美国对控制转售价格案件反垄断审查的经验

美国《反托拉斯法》对于控制转售价格的控制,始于 1911 年 Dr. Miles 一案,该案宣布控制转售价格属于《谢尔曼法》第一条的共谋违法行为,确立了本身违法原则是处理此类行为的基本原则。但到 20 世纪 30 年代各州立法对于控制转售价格协议的审查普遍采用比较宽松的立场。这一时期,美国国会通过的 *Miller Tydings - Act*③(本法于 1976

---

① 张穹. 反垄断理论研究 [M]. 北京:中国法制出版社,2007:125.
② 王晓晔. 纵向限制竞争协议的经济分析 [EB/OL]. http://www.fatianxia.com/paper__list.asp?id=22163.
③ 张瑞萍. 反垄断法理论与实践探索 [EB/OL]. http://www.du8.com/readfree/19/05907/8.html.

年废除）规定，谢尔曼不得与州立法冲突。此后，对于该类行为的反垄断审查一直朝着比较宽和的原则发展。美国最高法院在1977年大陆电视公司诉GTE希尔瓦尼亚一案中确立了对纵向非价格限制适用合理原则的基调。在本案的判决书中，最高法院明确提出只有当一项做法对竞争发生有害影响并缺乏补救价值时，才应用本身违法原则。1988年在商用电器公司诉夏普电器公司案中，美国最高法院认定适用本身违法原则的纵向价格约束仅指生产商直接限制销售商的转售价格的行为。如果生产商不是直接限制销售商的价格，这样的纵向限制应适用合理原则。1997年在国家石油公司案中，最高法院更是推翻了最高转售价格维持适用当然违法原则的做法，而采用合理原则。而2007年美国最高法院在PSKS公司诉Leegin公司案中，9名大法官最后以5∶4通过决定，推翻适用近百年的使用本身违法原则审查生产商控制最低转售价格的先例，这是美国对于纵向限制竞争行为反垄断审查的最新发展。

美国对纵向限制竞争行为的规范经历了一个从形式区分到效果评估的过程。在法律适用上早期强调行为的形式，借助行为划分对行为进行定性，决定是适用当然违法原则还是合理原则。随着反托拉斯法理论与实践的发展，美国逐渐进入效果评估阶段，不再强调行为的类型，取而代之的是注重分析行为对市场竞争的影响，以其市场效果评估来决定适用怎样的法律原则。[1] 从上面的判例可以看出，受到不同时期的经济政策和经济理论影响，美国对于控制转售价格的审查以及本身违法原则和合理原则的取舍经历了一个不规律的圆周运动，以本身违法原则作为起点，中间略朝合理原则松动进而朝本身违法原则回归，目前又朝向合理原则。

（三）合理原则和本身违法原则在此类案件中的适用

将纵向限制竞争的控制转售价格纳入反垄断法规制范围之后，首先要考虑的问题就是，依据何种标准来判定该行为是否为反垄断法所禁止。合理原则和本身违法原则是垄断审查的两大原则。本身违法原则主要用于明显会损害经济效益的行为，只要企业的市场特定行为属法律禁止的范畴就属非法，而无需综合考虑它们对市场的影响。[2] 合理原则是产生并发展于美国反垄断法中用于判定限制竞争行为违法性的基本规则，其核心是合理分析的方法，要求通过对比限制竞争行为的社会成本和补偿性收益来判断行为是否具有合理性，从而认定其是否合法。反垄断法中，本身违法原则简便易行，合理原则进行个案处理公正，两个原则各有优势。然而本身违法原则之所以能简便行使在于某些行为对市场竞争明显且不可弥补的消极作用，合理原则更为细致地审查是着眼于部分行为影响的双重性，正如本文所讨论的控制转售价格行为。合理原则与本身违法原则两者间不存在根本冲突，它们的共同目的在于评估被指控垄断行为对竞争的影响。一定程度

---

[1] 李海涛. 推翻先例：美国对维持转售价格的最新判决 [EB/OL]. http：//news.sohu.com/20070923/n252305892.shtml.

[2] 侯立光，李陈婷. 反垄断法除外制度的立法价值及范围 [EB/OL]. http：//www.shp.com.cn/news/info/2008/1/11.

上，本身违法原则可以视为合理原则的必要简化。

反垄断法是调整市场经济的基本法律，追求维护竞争，促进效率最大化。无论对何种垄断行为进行规制，都应在考虑相应行为对相应市场影响的基础上进而判定行为是否具有违法性。因此，合理原则中的合理分析是反垄断法中必要认定方法。本文中所讨论的控制转售价格对竞争影响的不确定性、本身违法原则和合理原则各自适用范围以及美国反垄断审查经验都表明，对于控制转售价格的行为应当适用合理原则进行反垄断审查。

【案例五】商业秘密的构成以及如何确定竞业禁止条款的效力

一、案情简介①

本案原告贵州海贵新技术发展有限责任公司（下称海贵公司）是1994年12月成立的以从事安全防范工程的设计和施工为主要经营范围的有限责任公司。被告李农系该公司发起人之一，在该公司成立后担任过公司的执行董事、总经理，曾是公司的法定代表人。被告李柯、何威自海贵公司成立之初即在该公司工作，并分别任该公司市场发展部经理及工程部经理。被告李慰、郑海滨分别于1995年5月和1996年5月到该公司工作，是公司的财务人员和技术人员。

1996年5月，被告李柯、何威、李慰与海贵公司签订聘用合同，并约定凡公司的商业信息、生产、工艺技术以及被聘用期间所承担的设计项目等任何时候均不得向外单位、个人泄露和提供，凡在本公司工作三个月以上者，在离开本公司后一年内不得在省内同行业其他公司中从事与本公司相同或与本公司相冲突的技术业务工作，否则被聘用人应承担相应的经济及法律责任。被告郑海滨在1996年5月亦与海贵公司签订了内容相同的聘用合同。被告李农、李柯、何威在海贵公司经营管理过程中，因与其他人意见不合，矛盾日深，1997年4月27日，海贵公司董事会作出了免去李农公司总经理职务的决议，并于次日就该决议发出通知，要求李农与新任经理办理交接手续。1997年5月5日，李农、李柯、李威与海贵公司达成离职协议书，约定李农等人离开公司并转让其在公司的全部股份，协议还对双方的交接工作及股份转让等内容作了约定。协议书签订后，李农、李柯、何成三人离开海贵公司到与海贵公司经营范围基本一致的贵州海誉科技发展有限公司（下称海誉公司）工作。李慰、郑海宾则在未办离职手续的情况下同时到海誉公司工作。

---

① 案例来源：[作者不详]. 人民法院案例选. 2000；1辑.

原告海贵公司认为，李农、李柯、何威、李慰、郑海滨五人原系公司掌握商业秘密的员工，有保守公司商业秘密和竞业禁止的义务。而李农、李柯、何威与公司达成离职协议离开公司以及李慰、郑海滨不辞而别离开公司到海誉公司工作后，利用其原在公司任职期间掌握的业务渠道、技术信息和经营信息来开展海誉公司的业务，并从中牟取经济利益，明显地侵犯了其商业秘密，违背了向其所作出的竞业禁止承诺，侵犯了其合法权益。海誉公司明知上述五人的行为违法，却使用了五人所泄露的海贵公司商业秘密而得以承揽了"中天花园楼宇对讲工程""赤水农行监控报警系统工程""贵阳市农行微机室工程""贵阳市建行所属花溪百货大楼、冠生园、万国大厦营业点监控报警工程""贵阳城市合作银行聚兴支行监控警报系统工程"等总造价为103万元的工程，获利约30万元。原告海贵公司遂于1997年9月10日向贵阳市中级人民法院提起诉讼，要求李农、李柯、何威、李慰、郑海滨履行合同约定的竞业禁止条款，并赔偿因违反此条款给其造成的损失10万元；要求海誉公司、李农、李柯、何威、郑海滨停止侵犯其商业秘密的行为，连带赔偿基侵犯行为给原告造成的经济损失20万元，并承担案件的诉讼费用。

被告海誉公司、李农、李柯、何威、李慰、郑海滨共同答辩称：李柯、何威等人与海贵公司在聘用合同中规定竞业禁止条款，是因海贵公司法人代表使用了胁迫和欺诈手段。聘用合同的禁止规定限制受聘人的从业范围，而无任何经济补偿，是显失公平的。在组建海贵公司以前，受聘人就已具备了安全防范工程方面的技术能力和业务经验，并参与了海贵公司的筹办和发起。离职协议同意李农、李柯等人离开海贵公司，故聘用合同关系竞业禁止的条款已经终止。原告所称的经营信息不符合商业秘密的构成要件，不属于商业秘密。

贵阳市中级人民法院经审理后判决：被告立即停止对原告商业秘密的侵权行为，并连带赔偿经济损失8万元。李柯、何威、李慰、郑海滨按聘用合同的约定履行一年内竞业禁止的义务。驳回贵州海贵新技术发展有限责任公司要求李柯、何威、李慰及郑海滨赔偿因其违反竞业禁止义务造成的损失的诉讼请求。

一审判决后，原、被告双方在法定上诉期限内均未提起上诉。一审判决已发生法律效力。

二、思考与练习

1. 竞业禁止是否以用人单位与劳动者有约定为准？
2. 劳动合同中竞业禁止的条款是否因劳动合同的解除而终止？

三、分析与评点

商业秘密是指不为公众所知悉、能为权利人带来经济利益、具有实用性并经权利人采取保密措施的技术信息和经济信息。《中华人民共和国反不正当竞争法》第十条明确了经营者不得采用的几种侵犯商业秘密的手段。

是否构成侵犯商业秘密的前提之一，是该涉案技术信息或经营信息是否具备商业秘密的条件。本案中，由于海贵公司不能提供充分的证据证明该公司在李农等人离开海贵公司之前就已经掌握了"贵阳市建行所属花溪百货大楼、冠生园、万国大厦营业点监控报警工程""贵阳城市合作银行聚兴支行监控报警工程"及"贵阳市农行微机室工程"的经营信息，故法院不能认定该信息系海贵公司的商业秘密，即不能认定海誉公司使用上述信息是侵犯了海贵公司的商业秘密。有证据证明涉案的"中天花园楼宇对讲系统工程"和"赤水农行监控报警系统工程"系海贵公司采取了保密措施、不为公众知悉的并能给该公司带来经济利益的经营信息，属于海贵公司的商业秘密。被告李柯、何威、李慰、郑海滨等人均与海贵公司签订有"严守公司商业秘密"的协议，被告李农作为海贵公司原法定代表人亦负有保守公司商业秘密的义务。上述五人离开海贵公司到海誉公司工作后，将上述经营信息披露给海誉公司，海誉公司明知该信息来源的违法性仍加以使用，均构成对海贵公司商业秘密的侵犯，应依法承担损害赔偿责任。

竞业禁止是聘用人基于保护商业秘密的需要，与掌握其商业秘密的受聘人约定在劳动合同终止后的一定期限内，受聘人不得到聘用人所禁止的与聘用人有竞争关系的同类性质单位从业的一种劳动择业权限制。竞业禁止对防止和制约经济活动中的不正当竞争行为有着积极的作用。目前，我国法律对此还没有明确的规定，但也没有对聘用双方就该类择业的限制予以明文禁止。人民法院在审理此类案件中，对在劳动合同或聘用合同中有对被聘用人关于竞业禁止约定的，只要是双方真实意思的表示，未违反劳动法和其他法律的规定，就不应轻易认定该约定无效。本案中李柯、何威、李慰、郑海滨等人应当按照聘用合同的有关约定履行严格竞业禁止的义务。同时应当注意，由于竞业禁止义务的承担在一定期限限制了劳动者对择业权利的行使，基于民法的公平原则，聘用方应给予受聘人以合理的经济补偿。本案中海贵公司的聘用合同中未约定上述人员因竞业禁止义务的承担导致择业受限制而给予合理的补偿，该公司要求李柯四人因违反竞业禁止约定应予赔偿显然不符合民法的公平原则，故法院驳回了海贵公司此项诉讼请求。对于海贵公司的原法定代表人李农，因无法律明文规定也无合同约定其应承担竞业禁止的义务，故法院对海贵公司主张其应履行该义务并赔偿损失的请求予以驳回。

第十四章 税法

【案例一】未经审核的进项税额能否抵扣

一、案情简介[①]

深圳金曼克电气有限公司于1994年度取得进项专用发票47张,进项税额累计为797 536.69元。金曼克公司仅于当年11月份向主管税务机关申报纳税一次,缴纳增值税59 231.07元,并抵扣4张进项发票,抵扣额为37 251.85元。1995年6月1日,金曼克公司就其1994年1月至1995年4月间增值税额向原国税二分局申请逾期申报,请求确认其1994年未留抵税额。金曼克公司请求留抵的依据是一份1995年3月份的增值税纳税申报表。在该表"抵扣审核情况"栏中,签有"留抵人民币252 512.19元"及审核人"廖"字样,并盖有"深圳市地方税务局(47)征税专用章",但未注明审签日期。据此,原国税二分局准允金曼克公司1994年末留抵税额为252 521.19元。金曼克公司1995年度总销售收入(含一般销售收入和地产地销售收入)为21 578 558.62元(已剔除1996年4月已申报纳税的398 498元)。金曼克公司在本年度共开出6张普通发票、收到货款1 291 980元。金曼克公司将此等列入预收货款科目,未在当时申报纳税。

1996年6月12日,深圳市国家税务局第三稽查分局对金曼克公司1994年度和1995年度纳税情况进行稽查,并于同年8月13日作出深国税三立〔1996〕094号《关于对深圳金曼克电气有限公司税务稽查的处理决定》,认定金曼克公司1994年度及1995年度有瞒报销售收入和调减地产地销产品销售收入、增加一般销售收入违反税收征管的行为,为此依据《中华人民共和国税收征管法》(以下简称《税收征管法》)第二十条、第三十九条的规定,决定追缴税款874 428元,加收滞纳金82 415.29元,并处罚款10 000

[①] 案例来源:吴方玲. 深圳金曼克电气有限公司不服深圳市国家税务局罚款及追缴税款案[EB/OL]. http://vip.chinalawinfo.com/newlaw.

元，共计966 843.29元。金曼克公司不服，向深圳市国家税务局申请复议。

1996年12月31日，深圳市国家税务局作出深国税发〔1996〕763号《复议决定书》，认定金曼克公司1994年度逾期申报纳税，1995年度有调增地产地销、减少一般销售及将销售收入挂"预收货款"不申报纳税的行为，依据《深税发〔1994〕514号通知》和《深税联发〔1994〕25号通知》以及《中华人民共和国税收征收管理法》第三十九条和第四十条的规定，对金曼克公司作出处理决定：一、对金曼克公司1994年度未经审核的进项发票不予抵扣，追缴增值税款346 124.87元，并对不按期申报纳税行为处以2 000元罚款；二、金曼克公司1995年度应补交税款491 955.56元，并对调增地产地销、减少一般销售行为和将销售收入挂"预收货款"不申报纳税的偷税行为处以偷税额0.2倍罚款即98 391.10元；三、取消原处理决定中对金曼克公司收取滞纳金82 415.29元的决定；四、金曼克公司1994年和1995年共应补交税款838 080.43元，罚款100 391.10元，总计938 471.53元，已入库966 843.29元，应退还给该公司28 371.76元；五、金曼克公司在收到本复议决定之日起，向第三稽查分局和福田征收分局办理退库手续。金曼克公司不服，向深圳市中级人民法院提起诉讼。

原告诉称：原告1994年度未依法申报增值税是事实，但在经办逾期申报过程中，是依税务部门的要求进行的。被告在复议时，对1994年原告取得的43张发票的进项税额不准再报再审，没有法律依据，剥夺了纳税人办理逾期申报和抵扣进项的合法权利。原告1995年开出的6张普通发票中，除1张价款为4 500元的发票当时应作销售收入处理而误作预收货款处理、未依法报税外，其余5张均为带有预收订金性质的预收货款。按照《中华人民共和国增值税暂行条例实施细则》第三十三条的规定，企业采取预收货款方式销售货物，纳税义务发生的时间为货物发出的当天。故被告因此而认定原告偷税的理由不能成立，而应将原告所欠税款作滞纳处理。为此，请求撤销被告复议决定第一、三项，变更第二、四项，并赔偿原告资金占用利息损失18 126.28元。

被告辩称：原地税四分局和原国税二分局在原告逾期申报1994年度税项，且进项发票未经审核的情况下给予抵扣，严重违反国家税务机关有关规定，必须予以纠正。依照深圳市税务部门的有关规定，未经审核并已超过抵扣期限的43张进项发票不能抵扣。原告1995年度调减地产地销产品销售收入并增加一般销售收入、将开出的6张普通发票的收入长期挂在"预收货款"账户而未在当期如实申报纳税，已构成偷税，故应追补税款并处以5倍以下罚款。原处理对此加收滞纳金不妥，应予取消。我局的复议决定认定的事实清楚，适用法律正确，程序合法，请法院予以维持。

法院判决如下：

一、撤销被告深圳市国家税务局1996年12月31日作出的深国税发〔1996〕763号复议决定。

二、由被告对原告1994年度和1995年度纳税情况查证核实后，依法重新作出具体行政行为。诉讼费11 904元由被告承担。

二、思考与练习

1. 原告 1994 年度未依法申报增值税，其 43 张未经审核的进项税额能否抵扣？
2. 原告 1995 年度调增地产地销、减少一般销售及将销售收入挂"预收货款"未申报纳税的行为是否构成偷税？数额是否准确？

三、分析与评点

人民法院审理行政案件，应当对被诉具体行政行为的合法性进行全面的审查，并不受当事人争议问题所限。在本案中，被诉的具体行政行为主要存在三方面问题：

一、1994 年度原告未依法申报增值税的事实清楚。依照《中华人民共和国税收征收管理法》第三十九条的规定：纳税人未按规定的期限办理纳税申报的，由税务机关责令限期改正，可以处以二千元以下的罚款；逾期不改正，可以处以二千元以上一万元以下的罚款。被告除对原告罚款二千元外，又对原告 1994 年度 43 张进项发票以未经审核并已超过抵扣期限为由不予抵扣。其不予抵扣的决定适用的法律依据是深圳市税务局 1994 年发出的两份内部通知，而行政机关未经公布的内部文件不应作为对外执行的法律依据。二、被告认定原告将 1995 年度开出的 6 张普通发票挂入"预收货款"未如实申报纳税。经审理查明，其中 1 张发票已在复议期间被准予列入 1996 年 4 月申报纳税；另 1 张 20 万元的发票收入因原告遗失有关缴税资料，复议期间被告对其申报不予认定。诉讼中经被告认真核查，证明原告已于 1996 年 2 月申报纳税。因此，复议决定认定原告未缴纳税款的数额不清，依法应予撤销。三、被告的复议决定将原处理决定收取滞纳金改为罚款处理，罚款数额达 10 万元，但并未告知原告有听证的权利。对此，有两种观点：一种认为听证不应适用于复议程序，因为《中华人民共和国行政处罚法》（以下简称《行政处罚法》）没有明确的规定。一种认为本案被告未告知原告听证权属程序不合法。理由是：第一，《行政处罚法》明确规定行政机关作出较大数额罚款行政处罚决定之前，应当告知当事人有要求举行听证的权利。被告对原告改处罚款达 10 万元，已超出国家税务总局规定的应当告知当事人有要求举行听证权利的罚款数额；第二，复议决定仍属行政机关作出的具体行政行为，复议机关对当事人作出较大数额的罚款，也必须遵循《行政处罚法》规定的程序。显然，本案判决采纳了后者。

【案例二】为他人虚开增值税专用发票后又为自己虚开，抵扣数额及损失数额的计算

一、案情简介①

李炳利于2001年4月至2002年4月间，利用虚假注册的北京永盛兴达商贸有限公司在北京市通州区国税局购领增值税专用发票，为他人虚开税款1 171 540.78元人民币，受票单位用于抵扣税款1 121 816.28元人民币，案发后追缴损失1 028 758.71元人民币。同时被告人李炳利还利用非法取得的"河北邢台华能物资有限责任公司""北京天红永际商贸有限公司""北京佳斯特商贸有限责任公司"等单位的增值税专用发票，为自己虚开进项税发票，虚开税款691 914.53元人民币，并全部申报抵扣税款。

公诉机关认为，李炳利为他人、为自己虚开增值税专用发票，虚开税款数额特别巨大，情节特别严重，给国家利益造成特别重大损失，其行为已构成虚开增值税专用发票罪，提请法院依法惩处。

李炳利辩称，其确有少量经营，所取得的部分增值税专用发票有真实交易，不属于虚开。

该案由北京市第二中级人民法院初审，法院判决如下：①李炳利犯虚开增值税专用发票罪，判处有期徒刑14年，并处罚金人民币30万元；②追缴李炳利的违法所得，予以没收；③在案扣押的物品予以没收（清单略）。

二、思考与练习

在为他人虚开增值税专用发票后又为自己虚开的情况下，抵扣数额及损失数额应如何计算？

三、分析与评点

（一）控方的计算方法

控方的计算方法是：

抵扣总数＝被告人为他人虚开增值税专用发票后他人向税务机关申报抵扣的数额＋被告人为自己虚开和让他人为自己虚开增值税专用发票进行申报抵扣的数额

损失总数＝被告人为他人虚开增值税专用发票后他人向税务机关申报抵扣的数

---

① 案件来源：杨子良. 李炳利虚开增值税专用发票案（2003）二中刑初字第723号［EB/OL］. 北大法律信息网——北大法宝, http://vip.chinalawinfo.com/newlaw.

额－对已抵扣税款追缴的税款数额＋被告人为自己虚开和让他人为自己虚开增值税专用发票进行申报抵扣的数额

控方的理由是上述抵扣和损失发生在不同环节，所以应当累积计算。

（二）法院的计算方法

法院所采取的抵扣额及损失额的计算方法是：

抵扣总数＝被告人为他人虚开增值税专用发票后他人向税务机关申报抵扣的数额（为自己虚开和让他人为自己虚开增值税专用发票进行申报抵扣的数额不予计算）

损失总数＝被告人为他人虚开增值税专用发票后他人向税务机关申报抵扣的数额－对已抵扣税款追缴的税款数额（为自己虚开和让他人为自己虚开增值税专用发票进行申报抵扣的数额不予计算）

（三）对法院计算方法的评价

对于抵扣额及损失额的计算方法，税务部门也存在不同的意见。有的人同意控方的主张，认为从严格发票管理角度讲，虚开增值税专用发票后，受票方不得抵扣，开票方应当缴纳增值税（销项）。因此，如果被告人为他人虚开增值税专用发票后，为自己虚开和让他人为自己虚开增值税专用发票进行申报抵扣，两个环节的抵扣额应当相加，损失也应相加。而有的人则同意法院的处理意见。

我们认为法院的处理意见是正确的。从增值税税款发生原理看，增值税属于流转税，国家道道计征，但不重复计征。只有发生实际商品交易或者提供劳务服务时才发生应当征收的增值税。在完全没有实际商品交易或者提供劳务服务的情况下，被告人为他人虚开增值税专用发票，无论开票方还是受票方本来均不应当缴纳增值税，如果开票方不申报销项、缴纳销项税，则不会发生国家税款损失。但是如果受票方持虚开的专用发票申报抵扣，则属于不应当抵扣而进行抵扣，毫无疑问会造成国家税款流失。相反，即使存在实际商品交易或者提供劳务服务，行为人如果正常开票则可以抵扣，但如果系代开的虚开发票，则行为人也不应当申报抵扣。这是严格增值税专用发票管理的合理要求，也便于实务操作（部分真实的情况也是如此）。总之，发生实际商品交易或者提供劳务服务与否均不是造成国家税款损失的必要条件。基于增值税征收管理制度的特点，造成国家增值税税款损失有两种形式，一是应当申报缴纳销项税没有申报缴纳，二是不应当抵扣销项却申报抵扣。因此，认定是否造成国家税款损失可以从这两方面进行，并且需要结合具体情况进行具体分析。

对于被告人为他人虚开增值税专用发票后，为自己虚开和让他人为自己虚开增值税专用发票进行申报抵扣的情况，从申报抵扣方面看，受票的他人不应当抵扣，如果进行了抵扣，且抵扣的销项属于真实有效的销项，则发生税款损失，被告人应当对这一抵扣数额和损失数额负责。被告人作为受票方为自己的虚假销项抵扣，也属于不应当抵扣而抵扣，但如果抵扣了，是否发生税款损失则要视其抵扣的销项是否真实有效而定。如果销项真实有效，则认定抵扣额和损失额，否则不予认定，不予认定的理由以下将从申报销项方面予以论述。从申报销项方面看,被告人为他人虚开增值税专用发票形成的销项属于不应当申报缴纳的销项。因为从税法原理看,被告人没有真实的商品交易和劳务服务,国家不应当征收增值税;从严格发票管理角度看,国家没有必要要求申报缴纳销项税,只从不允许抵扣方面进行制裁即可,如果再要求缴纳相应的销项税,则显得过于严厉,这不仅仅是在税务行政方面处理得过于严厉,而且将导致在刑事处理方面过于严厉,无助于刑事立法目的的实现。如果被告人申报缴纳销项税,则属于其主观认识错误,构成犯罪对象不能,其行为可定性为虚开。虚开数也可认定,但不宜认定抵扣数额和损失数额,至于其形式上抵扣的数额可作为一个量刑情节酌予考虑。因此,对于被告人为自己虚开和让他人为自己虚开增值税专用发票,以抵扣自己为他人虚开增值税专用发票形成的虚假销项,计算抵扣额和损失额时只应当分别计算被告人为他人虚开增值税专用发票后受票方抵扣的数额,以及其后对此抵扣税款予以追缴而未追回的税款数额。

被告人为他人虚开增值税专用发票后又为自己虚开,其抵扣数额及损失数额的计算问题,是我国审判实践中带有共性的问题。最高人民法院通过审理个案表明了与笔者上述主张及法院对本案的处理意见相同的立场,但目前我国立法及司法解释对此问题均没有作出明确解答。及时合理解决此问题,是我国最高立法机关或者最高司法机关的当务之急。

【案例三】行政程序中相对人的举证义务

一、案情简介[①]

(1) 1994年4月3日泛美卫星公司与中央电视台(以下简称央视)签订《数字压缩电视全时卫星传送服务协议》,央视支付了订金、保证金、季度服务费和设备费。

(2) 1999年1月18日北京市国税局对外分局稽查局发出《关于对央视租赁泛美卫星等外国卫星公司卫星通信线路支付的租赁费用代扣代缴预提所得税限期入库的通知》。此即001号通知。

(3) 泛美不服,向京国税对外分局提起复议申请,1999年3月26日泛美按7%缴纳税款。8月23日,对外分局维持001号通知的行政复议决定。原告据此以稽查局上级机关京国税对外分局为被告向北京市第二中级法院提起行政诉讼。

(4) 2000年6月26日,对外分局以征税主体不合格为由撤销001号通知。被告表示退税,原告撤回起诉,北京二中院批准其撤诉。

---

① 案例来源:滕祥志. 泛美卫星公司涉税案再回顾 [EB/OL]. 中国财税法网, http://www.cftl.cn.

(5) 2000年6月30日,京国税对外分局第二税务所发出第319号通知《关于对中央台与泛美卫星数字传送服务协议所支付费用代扣代缴所得的征税的通知》。原告不服,再次向京国税对外分局提起复议。2000年11月17日京国税对外分局作出维持319号通知的复议决定。

(6) 此后的2000年11月29日,原告以京国税第二税务所为被告、央视为第三人诉至北京市第一中级法院。

(7) 2001年10月11日判决维持第二税务所319号通知。泛美向北京市高院起诉,2002年12月26日北京市高院作出终审判决,驳回上诉,维持原判。

争议焦点[①]:

原告认为:

(1) 协议性质认定应以《合同法》为依据,应有国内法依据。租赁合同的主要特征是转移租赁物的占有。协议约定由泛美卫星公司操作使用其位于外层空间卫星及美国的地面设施,为央视提供传输服务。未发生任何设施的占有和使用权的转移,不符合租赁合同的特征。故其收入不属于租金。

(2)《中美税收协定》第十一条中"使用或有权使用工业设备"的使用者应是积极的实际使用。整个传输过程中,全部设施完全由泛美卫星公司独立操作使用,央视无权且未实际使用泛美公司所供设施,故卫星公司收入性质不是特许权使用费;且中国国内法"物许权使用费"所指知识产权、无形资产的特许使用收取的费用。故特许权使用没有国内法的基础。

(3) 泛美卫星公司长年不断工作,其收入系不断积极工作所得的"积极收入",这应属于《协定》第五条和第七条规定的营业"利润"。且泛美卫星公司在中国未设常设机构,故不应在中国纳税。税务局对《中美税收协定》第十一条作"扩张性解释不合逻辑"。

(4) 应适用国际惯例。按照国际惯例,营业利润是积极运营收入,特许权使用费乃消极收入。

被告税务局认为:

(1)《中美税收协定》所指特许权使用费的所谓"使用",既包括有形资产的使用,也包括无形资产的使用。"使用"一词并非仅限于对实物的实际操作,还应该包括对某

[①] 参见:傅纳红. 美国泛美卫星公司应否在中国纳税//刘剑文. 财税法学案例与法理研究. 北京:高等教育出版社,2004:300-304.
刘怡,林喆. ABC卫星公司税收案例分析. 涉外税务,2003 (1).
杨长涌. 解读美国泛美卫星公司税收案 [EB/OL]. http://econ.pku.edu.cn/dpf/student/lea.php.
法悟. 美国泛美卫星公司是否应向中国纳税. 中国经济快讯周刊,2003 (8).
2002年北京《法院公布"民告官"十大典型案件》,http://www.people.com.cn/GB/shehui/1060/2281977.html.
刘媛. 泛美卫星国际系统责任有限公司诉北京市国家税务局第二税务所代扣代缴预提所得税决定案评析——暨跨国所得定性及国际双边税收协定与国内税法协调适用问题 [EB/OL]. http://www.cftl.cn/show.asp?c__id=4&a__id=4744.

种信号的使用,即对无形物的操作。"操作"只是使用的一种方式。

(2)《中美税收协议》约定,央视利用卫星公司的卫星设备转发卫星信号,即有权使用卫星公司的卫星转发器的带宽,其向卫星公司支付的服务费和设备费属于《中美税收协定》中的特许权使用费用。

(3)泛美公司卫星中专门转发器的全部或部分由央视专有使用,符合我国税法关于将财产租赁给中国境内租用者的规定,也符合租赁中关于转移财产使用权的特征,故卫星公司收入性质系"租金"。

二、思考与练习

行政程序中相对人的举证义务有哪些?

三、分析与评点

(一)制定法依据

(1)《税收征管法》(2001年5月1日起施行)第五十六条:"纳税人、扣缴义务人必须接受税务机关依法进行的税务检查,如实反映情况,提供有关资料,不得拒绝、隐瞒。"《税收征管法》(1993年1月1日起施行)第三十三条规定了同样内容。

(2)最高人民法院《关于行政诉讼证据若干问题的规定》第五十九条:"被告在行政程序中依照法定程序要求原告提供证据,原告依法应当提供而拒不提供,在诉讼程序中提供的证据,人民法院一般不予采纳。"

(二)法理依据探讨

实际上,行政程序中相对人负有法定的举证义务。从法理上看,行政程序中,行政主体为一定行政行为,如果侵犯利益或授予权益,都对相对人的权利义务状态产生影响。税务稽查行为作为典型的潜在的侵益性行政行为,对被稽查人的财产构成潜在的或现实的威胁。即一旦发现被稽查对象存在某种税务行政违法行为,稽查机关有权实施征收税款的决定或者实施行政处罚。

作为相对方,为了主张自己的权益和自己的行为合法,势必要配合税务机关,履行接受检查的义务,出示原始合同、财务账簿、财务凭证等,以备稽查机关检查。同时,为证明自己主张,纳税人要向税务机关尽可能地出示相关证据。从公平的角度而言,稽查机关应当审核这些证据的真实性、相关性和合法性。从纳税人权利保护角度而言,这与其说是纳税人的义务,不如说是纳税人的权利。但从税收征管秩序和效率而言,这无疑是纳税人一种法定义务。

最高人民法院《关于行政诉讼证据若干问题的规定》第五十九条属于"漠视行政程

序的证据排除规则"①。而且，此类证据是应当进入行政程序案卷的证据。因其未进入案卷而应当排除。该规定体现了司法复审的特点。因为行政程序是法律设定的程序，行政管理相对人必须尊重行政程序，如果无视行政程序而在诉讼程序中搞证据突然袭击，必然损害行政程序的应有价值。

由此，稽查程序中原告提出"国际惯例"的主张，应该对此提出证据，以供税务稽查机关斟酌。

【案例四】法院对税务机关的级别管辖问题

一、案情简介②

1997年9月18日，张恒寿向浑源县国家税务局（下称浑源县国税局）实名书面举报浑源县永源花岗岩矿1995—1996年度严重偷税。因该矿系涉外企业，浑源县国税局按税务机关查处案件管辖规定，上报大同市国家税务局（下称大同市国税局）查处。经大同市国税局调查，认定永源花岗岩矿偷漏税属实，于1997年11月20日作出国税涉外字（001）号税务处理决定书，决定该矿补交增值税724 286.56元，并处罚款10万元。张恒寿认为永源花岗岩矿在被查处期间曾自行申报了80万元，大同市税务局查处不力，所以又向国家税务局举报并向有关部门反映。大同市国税局进行复查后又于1998年6月30日作出国税外字〔9802〕号税务处理决定书，决定对该矿再次追缴税款426 181.13元。以上两次追缴的税款及罚款共计1 250 467.69元，由浑源县国税局征收入库并留成25%。张恒寿认为自己举报的事实已得到查处，遂向浑源县国税局和大同市国税局申请按规定应给付的举报奖金，但浑源县和大同市国税局互相推诿，不予解决。张恒寿遂向浑源县人民法院提起诉讼。

原告诉称：两被告不按《税收征收管理法》的规定给付原告举报奖金，使原告多次往返北京、太原等地向有关部门申诉，从而身份暴露，受到被举报单位打击报复，故诉请法院判令二被告依法支付原告举报奖金10万元，赔偿工资损失24 000元、路费10 000元，精神损害20万元并赔礼道歉。

被告浑源县国税局辩称：原告举报永源花岗岩矿偷税属实，但该案是由大同市国税

---

① 孔祥俊. 最高人民法院《关于行政诉讼证据若干问题的规定》理解与适用. 北京：中国人民公安大学出版社，2002：136.
张树义. 最高人民法院《关于行政诉讼证据若干问题的规定》释评. 北京：中国法制出版社，2002：257-261.
② 案例来源：袁保俊. 张恒寿诉浑源县国税局、大同市国税局不履行兑现举报奖金法定职责案［EB/OL］. http：//vip.chinalawinfo.com/newlaw.

局查处的,故不应由我局承担相应的法律后果,本案应由大同市城区法院管辖,不应由浑源县法院管辖。

被告大同市国税局辩称:应当给付原告举报奖金,但因无具体的操作办法,我们无法给付;支付原告奖金的标准应以52万元为基数确定,而不能按原告起诉的标准确定;原告提出的其他赔偿请求无事实和法律依据,不应支持。

一审法院判决:被告浑源县国家税务局和大同市国家税务局履行法定职责,在判决生效后一个月内给予原告举报奖金;驳回原告的其他诉讼请求。

张恒寿不服一审判决,向山西省大同市中级人民法院提出上诉称:本案原审法院以经济要约合同纠纷立案后,又转为行政案件审理,其程序不合法;上诉人既不是税务机关管理的相对方,也不是行政机关具体行政行为的侵害方,本案以行政案受理属定性不准;上诉人明确请求被上诉人给付奖金10万元,而原审法院只判决被上诉人履行法定职责,实体判决错误。故请求二审法院撤销原判,移送有关庭室重新审理。

浑源县国税局辩称:原判定性准确,程序合法;但因浑源县国税局不是举报案件查处人,没有给付上诉人举报奖金的义务,所以不应判决浑源县国税局给付奖金。

大同市国税局未予答辩。

二审判决:驳回上诉,维持原判。

二、思考与练习

1. 本案是否属行政诉讼受理范围?
2. 本案应由哪级税务机关作为被告?

三、分析与评点

(一) 行政诉讼的受案范围

本案是否属行政诉讼受案范围,这首先取决于对税务机关不兑现举报奖金引起争议的性质认定。有人认为,税务机关根据规定发出公告或作出承诺(山西省税务机关曾在媒体公告,设立税务举报中心,对举报属实的有功人员给予奖励),奖励税务案件举报有功人员,这是向不特定的社会公众发出的要约,举报人举报属实后,即与税务机关建立了一种合同关系,举报人有取得举报奖金的权利,税务机关有给付奖金的义务,双方之间属平等的权利义务关系。由此产生的争议,应属民事争议,由此引起的诉讼,应作为民事案件受理。笔者认为,因不兑现举报奖金引发的争议应属行政争议,因为税务机关兑现举报奖金的行为是行政奖励行为。行政奖励是指行政主体依照法定的条件和程序,对为国家和社会作出重大贡献或模范遵守法律、法规的行政相对人,给予物质或精神鼓励的具体行政行为,具有主体特定、对象特定、目的特定、条件法定及性质特殊的特征。行政奖励的条件是各种法律、法规明确规定的。《中华人民共和国税收征收管理法》第七条规定:"任何单位和个人都有权检举违反税收法律、法规的行为。税务机关应当为检举人保密,按规定给予奖励。"《中华人民共和国税收征收管理法实施细则》第八十一条第一款规定:"对于检举违反税收法律、行政法规行为的有功人员,税务机关应当为其保密,并可以根据举报的贡献给予相应奖励。"本案原告张恒寿实名举报了永源花岗岩矿的偷漏税问题,并经查证属实,为国家挽回了损失,作出了贡献,符合法定的奖励条件,原告有向被告税务机关主张物质奖励的权利,被告税务机关负有向张恒寿进行奖励的义务,其依照含有奖励条款的法律、法规作出的奖励行为具有行政执法的特征。如果税务机关没有对符合法定奖励条件的相对人给予奖励,则属于失职行为、构成对张恒寿法定权利的侵害,张恒寿依法提起诉讼,符合行政诉讼的受案范围。

(二)税务机关的被告资格

本案应由哪级税务机关作被告?浑源县国税局认为,国家税务总局《税务违法案件举报奖励办法》第八条规定,"举报奖金由负责查处税务违法举报案件的税务机关支付",本案是由大同市税务局负责查处的,故浑源县国税局不应承担法律责任。本案两级法院均认为该办法是1999年1月1日起施行的,而原告举报时间是1997年9月18日,被告是在1998年6月查处完毕的,故该办法对原告举报行为无溯及力。我们认为,两级法院的认定是正确的。

此外,该案是由县国税局受理后,又移送大同市国税局查处的,按照国家税务总局《关于外商投资企业税收管理若干问题的通知》中关于外商投资企业征管范围的划分和税款的缴纳及入库级次划分的规定,该案被追缴的税款均由浑源县国税局征缴入库,并留成25%,对本案被举报单位偷漏税事实的认定处理以及实际征缴入库,应是一个完整的过程,这个过程是由两级税务机关共同完成的。在两级税务机关对支付举报奖金互相推诿的情况下,举报人将两级税务机关作为被告推向法庭,被告是适合此资格的。

【案例五】税务机关的主体资格及具体行政行为的合法性

一、案情简介①

1996年5月美国 JEAN PHOENIX INC(以下简称"美国 JPI 公司")在厦门市申请成立厦门东南海俱乐部有限公司(以下简称厦门东南海公司)。后林昭南出资30万美元参与投资,担任公司的副董事长,并由其儿子林泓杰代为行使公司的日常管理、经营等工作。1999年5月5日,林昭南与美国JPI公司签订契约书,双方约定由美国JPI公司退还林昭南投入厦门东南海公司的资金20万美元及83万元人民币,同时再支付30万美

---

① 案例来源:林琼弘. 林昭南不服厦门市地方税务局对外税务分局税务处理决定案 [EB/OL]. http://vip.chinalawinfo.com/newlaw.

元作为补偿。签约后，美国 JPI 公司先行支付 2 000 美元，1999 年 5 月 24 日又支付 9.8 万美元。1999 年 6 月 10 日在厦门市外商投资中心及厦门市台胞投诉中心等部门的协调下，双方达成协议，确认在 1999 年 6 月 16 日前美国 JPI 公司将未支付的 50 万美元，按 15 万美元和 290.5 万元人民币支付林昭南。后双方均按约履行该协议。

厦门市地方税务局对外税务分局（以下简称"厦门市外税分局"）于 2002 年 6 月 28 日作出地税稽字第 200000784 号税务处理决定，认定 1999 年 5 月 5 日，林昭南与美国 JPI 公司签订契约书，约定由该公司支付 60 万美元作为林昭南退出厦门东南海公司的股金及补偿。至 1999 年 6 月 6 日，美国 JPI 公司共支付 15 万美元和 373.5 万元人民币——系林昭南退出厦门东南海公司的股金及补偿金，扣除林昭南原入股的股本金 20 万美元和 83 万元人民币后，林昭南共取得转让股本溢价款人民币 249 万元（1 美元按照 8.3 元人民币换算），应全额征税。根据《中华人民共和国个人所得税法》第一条、第二条第九款以及《中华人民共和国税收征收管理法》第二十条的规定，应补缴财产转让所得的个人所得税人民币 49.8 万元，对未按时申报缴纳的行为按日加收 0.2‰ 的滞纳金人民币 8.964 0 万元；根据《中华人民共和国印花税暂行条例》第一条、第二条、第三条和《中华人民共和国印花税暂行条例施行细则》第二条，财政部、国家税务总局《关于印花税违章处罚问题的通知》的规定，林昭南应按产权转移书据——契约书所载金额缴交万分之五印花税合人民币 2 490 元。2001 年 11 月 14 日厦门市地方税务局作出厦地税复决（2001）1 号税务行政复议决定：维持地税稽字第 200000784 号税务处理决定。林昭南不服，向厦门市开元区人民法院提起行政诉讼。

原告诉称：原告不是厦门东南海公司的股东，其退出该公司不属于股权转让行为，从美国 JPI 公司所取得的 30 万美元认定为转让股权的溢价款，与事实不符，亦缺乏法律依据。对原告在厦门东南海公司工作期间为该公司代垫的款项未予认定，系事实不清，所作出的税务处理决定适用法律不当，损害了原告的合法权益，请求予以撤销税务处理决定。

被告辩称：原告在厦门东南海公司实际出资并履行了经营管理的职责，系该公司的隐名合伙人，应认定厦门东南海公司系原告和美国 JPI 公司合资经营。1999 年 5 月 5 日原告与美国 JPI 公司签订的契约书，实际上系股权转让协议，原告所取得的款项应认定为股权转让所得，而不是原告所称的包括其父子的劳动报酬、代垫设计费用、差旅费及应酬费用的综合补偿，在原告未提供证据支持的情况下，被告依法作出的税务处理决定事实清楚，证据确凿，适用法律正确，程序合法，请求判决维持。

法院判决如下：

维持厦门市外税分局地税稽字第 200000784 号税务处理决定。

案件受理费人民币 10 911 元，由林昭南负担。

一审宣判后，林昭南不服，向厦门市中级人民法院提出上诉称：①一审判决认定契约书是股权转让协议，与法律相悖。我国法律规定，外资企业须经工商机关登记及审批机关的批准，林昭南虽有实际的投资，但这种行为未得到有权机关的批准，是一种不合法的投资行为，其不享有股东的权利，契约书也不是股权转让协议。林昭南对厦门东南海公司的投资是一种无效的民事行为，其与美国JPI公司签订的是终止民事行为后财产返还的协议。厦门市中级人民法院（2000）厦民终字第126号民事判决认定林昭南是厦门东南海公司的"隐名合伙人"没有依据，该判决不能作为认定林昭南系厦门东南海公司股东的依据。②一审判决未认定林昭南为厦门东南海公司代垫的款项，与事实不符。林昭南已证明代垫费用的存在，这些费用是否已支付给林昭南，应由厦门市外税分局承担举证责任，且美国JPI公司支付的30万美元是给林昭南的补偿，给予全额征税是错误的。

厦门市外税分局答辩称：①林昭南是实际的股东，有法院生效判决确认；②林昭南取得溢价款不容置疑；③林昭南提出代垫的款项，没有原始凭证，厦门东南海公司也予以否认；④林昭南提交的《会计师复核报告书》未经认证，不能作为证据采用。

厦门市中级人民法院经审理作出判决如下：

一、撤销厦门市开元区人民法院（2002）开行初字第01号行政判决；

二、撤销厦门市外税分局地税稽字第200000784号税务处理决定。

三、二审案件受理费人民币各10 911元，由厦门市外税分局负担。

二、思考与练习

1. 厦门市外税分局是否具备主体资格？
2. 本案的具体行政行为是否合法？
3. 补偿款的性质如何认定？

三、分析与评点

（一）厦门市外税分局的主体资格

2001年5月1日施行的《税收征收管理法》第十四条规定，"本法所称税务机关是指各级税务局、税务分局、税务所和按照国务院规定设立的并向社会公告的税务机构"。此规定与旧税收征收管理法的不同点在于增加了"按照国务院规定设立的并向社会公告的税务机构"。厦门税务分局是否属于上述情形，从福建省地方税务局根据国务院办公厅转发国家税务总局关于调整国家税务局、地方税务局税收征管范围意见的通知精神，批复同意设立厦门市地方税务局对外税务分局的文件可以看出，厦门市外税分局的设立属于得到国务院认可的征税部门，且该分局的成立及征税管理向社会公开，可认定厦门市外税分局属于按照国务院规定设立的并向社会公告的税务机构，其主体符合法律的规定，是法定的具有履行税务管理资格的单位。

（二）具体行政行为的合法性

根据《外资企业法》第六条、第七条的规定，外资企业应由国务院对外经济贸易主管部门或者国务院授权的机关审查批准，并经工商行政管理机关登记签发营业执照，方能成立。厦门东南海公司经有关部门批准成立，从工商注册登记及厦门东南海公司的章程可以明确看出，该公司的投资方为美国JPI公司，林昭南并非该公司的合法股东，不具备法定的股东身份。厦门市外税分局在作出税务处理决定时，认定林昭南系厦门东南海公司的股东，没有法律依据。

（三）补偿款的性质认定

1999年5月5日林昭南与美国JPI公司签订契约书：双方约定由美国JPI公司退还林昭南投入厦门东南海公司的20万美元和83万元人民币资金，同时再支付30万美元给林昭南作为补偿。既然林昭南不是厦门东南海公司的合法股东，所以其对厦门东南海公司的投资只能认定是一种无效的投资行为。

那么林昭南从厦门东南海公司取得的补偿款性质如何认定？《中华人民共和国个人所得税法实施条例》第八条第（九）项规定："财产转让所得，是指个人转让有价证券、股权、建筑物、土地使用权、机器设备、车船以及其他财产取得的所得。"从契约书来看：双方认可系补偿款，至于该款包含什么内容，未明确。厦门市外税分局将林昭南所取得的30万美元（249万元人民币）认定为股权转让溢价款，无法律依据，属定性不准确。鉴于林昭南确实从美国JPI公司取得了30万美元的补偿款，根据国家有关税收征收的规定，该款可适用"其他财产所得"进行征税。这样处理，既能客观地处理林昭南无效投资行为的所得财产，也使税务机关在执法上更有法可依，以有效防止国家税收流失。所以厦门市中级人民法院从法律的角度对林昭南的身份及取得的款项作出的认定是正确的。

第十五章 银行法

【案例一】 存单与银行底单不一致时的责任承担

一、案情简介[①]

原告：信连华，男，44岁，住址：天津市塘沽区朝阳新村。

被告：天津市商业银行股份有限公司塘沽支行新港分理处，住所地：天津市塘沽区新港。负责人：冯宝明，该分理处主任。

原告信连华因与被告天津市商业银行股份有限公司塘沽支行新港分理处（以下简称"新港商业银行"）发生存单纠纷，向天津市塘沽区人民法院提起诉讼。

原告诉称：原告是被告的储户，有被告出具的储蓄存折为证。至2001年11月6日，原告存折上的存款余额为298 287.79元。被告以其内部底单上显示的原告存款余额为198 287.79元，两者相差10万元为由，要求收回原告所持的存折，并要用新存折记载他们认为的存款余额。经原告强烈反对，被告才在原告所持的存折上据实记载存款余额，但拒绝兑付该存折上余下的10万元存款。存折是双方存款合同关系的有效凭证，其上记载的存款数额是客观真实的。被告要求按其内部底单的记载来确定原告存款余额，没有依据，应当按原告所持存折上的记载支付原告的存款。请求确认原告所持的储蓄存折有效，判令被告依此支付原告短少的10万元存款，并负担本案诉讼费。

被告辩称：原告在被告处开立的并非储蓄账户，而是个体工商户个人结算账户，目的是用于资金往来结算。根据银行结算记账规则，账户应与存折记载的金额相符。2001年11月6日，被告工作人员在核对原告的账户与存折记载的余额时，发现两者相差10万元，当即要求原告提供所有的存折进行对账，但原告称以前的存折丢失，拒绝对账。

[①] 案例来源：[作者不详]. 信连华诉新港商业银行存单纠纷案 [N]. 中华人民共和国最高人民法院公报，2005（5）：42.

原告的行为违反了个体工商户个人结算账户的工作程序。法院应当责令原告提供其开户以来的4本存折进行对账，并对原告在银行的往来账目进行审计，以查明原告的准确存款余额。否则，应驳回原告的诉讼请求，诉讼费由原告自负。

二、思考与练习

存单与银行底单不一致时如何确定双方的权利与义务？

三、分析与评点

储户所持存折是双方存款合同关系的有效凭证，存单上记载的每一笔信息，是由银行工作人员按规定打印并加盖印章，并经储户核对认可的信息，也就是说存单上记载的事项是经过储户与银行确认了的，具有法律效力。如果要推翻此记载必须要有确切充分的证据。根据《最高人民法院关于审理存单纠纷案件的若干规定》第五条的规定，存单持有人的存单与金融机构的底单记载内容不符，如果存单是真实的，且金融机构只能提交单方制作的证据来抗辩存单，应当认定存单持有人与金融机构之间的存款关系成立，金融机构根据存单承担兑付款项的义务。这一规定说明金融机构对存单持有人的存单与金融机构的底单记载内容不符负有举证责任，也就是说如果金融机构除了单方制作的证据外没有其他充分的证据证明存单持有人所持存单上记载的内容不相符，那么金融机构应当承担举证不能的法律后果。

本案原告信连华持有新港商业银行出具的储蓄存折，说明原被告之间形成了存款关系，信连华享有要求新港商业银行返还存款、支付利息等权利，新港商业银行负有返还存款、支付利息等义务。原告信连华持有的存折上数字均由新港商业银行的职员填写，并由新港商业银行的职员复核确认，是具有法律效力的。新港商业银行又不能提供证据证明存款关系不真实，仅以其底单记载内容与上述存折上所记载内容不符为由进行抗辩，是不能推翻原告信连华持有的存折上所记载的内容的。根据存款合同，债务人新港商业银行应当承担如实兑付款项的义务。

【案例二】银行对他人盗窃密码伪造银行卡取走存款造成损失的民事责任

一、案情简介①

原告：顾骏，男，26岁，住上海市七浦路。

被告：交通银行上海分行，住所地：上海市江西中路。负责人：金大建，该分行行长。

原告在被告处办理了一张太平洋借记卡，与被告建立了储蓄合同关系。2003年6月，原告发现自己卡内的资金无端少了10 068元，因此向公安机关报案。经公安机关侦查，原来是犯罪分子在自助银行门禁系统上安装了盗码器，窃取了原告借记卡上的信息和密码，然后复制成伪卡，凭伪卡在异地盗取了原告卡内的资金。

原告认为，自助银行和ATM机是银行推出的交易场所和交易工具，银行有义务保障在这个场所使用这个工具进行的每一笔交易都是安全的，银行有责任防范这个场所和这个工具被犯罪分子利用。犯罪分子看到被告对自助银行的管理存在疏漏，就利用加装在自助银行门禁系统上的盗码器窃取储户的存款信息和密码，然后伪造银行借记卡提款。这不是银行与储户进行交易，而是犯罪分子利用伪卡欺骗银行，侵犯的是银行的财产权。银行不能识破犯罪分子的欺骗手段，损失应由自己承担。原告在使用借记卡的过程中没有过错，储蓄合同中所谓"凡是通过交易密码发生的一切交易，均应视为持卡人亲自所为，银行不应承担责任"的格式条款，是银行为加重储户责任而单方推出的，这个条款对储户不公平，因而是无效条款。原告因此请求判令被告给原告支付10 068元及此款从2003年6月9日起至判决生效之日止的银行活期存款利息，并负担本案诉讼费用。

上海市第二中级人民法院于2004年12月20日判决：

一、被告上海交行应自本判决生效之日起十五日内，给付原告顾骏10 068元及此款自2003年6月9日起至本判决生效之日止的银行活期存款利息。

二、案件受理费413元，由被告上海交行负担。

宣判后，双方当事人均未上诉，一审判决发生法律效力。

二、思考与练习

用盗窃的密码、伪造的银行卡取走存款造成损失，应当由谁承担民事责任？

---

① 案件源自：[作者不详]. 顾骏诉上海交行储蓄合同纠纷案. 中华人民共和国最高人民法院公报，2005(4)：40.

三、分析与评点

借记卡与储蓄存折一样是证明持卡人与发卡银行之间建立了储蓄合同的关系的有效凭证。借记卡的出现使传统的存取款业务发生了一些改变。持卡人不仅可以在营业大厅使用借记卡，同时还可以在银行推出的自助银行的 ATM 机以及商场 POS 机上使用，而且携带方便。借记卡因其便利已在日常生活中被广泛使用。利用银行借记卡在自助银行的 ATM 机上存取款，看似是储户与机器在进行交易，实质上发生的每一笔交易都是借记卡持有人与发卡银行在进行交易，只是银行履行其支付义务的方式发生了改变——由银行工作人员变为了 ATM 机。如果持卡人所持卡是真卡且输入了正确的密码，那么自助银行的 ATM 机则不论你是谁都会与之进行交易的，而且这种交易的结果为储户与发卡银行双方承担。这是借记卡在自助银行的 ATM 机上存取款的特征。根据其特点，在借记卡使用过程中关键是保护好密码和银行卡。

根据危险控制理论，谁能更经济、合理和有效地控制危险，谁就应当承担控制潜在危险的义务。银行卡为持卡人所有，因此银行卡的管理义务应当由持卡人承担。而密码是持卡人所设，其他人包括银行都不知道，因此理所当然的密码也应当由持卡承担妥善保管的义务。对提供自助服务的场所以及进行存取业务的 ATM 柜台机的安全保障义务，则应当由银行承担。因为通常而言，银行较之储户更熟悉其营业场所的设备设施性能及安全状况，了解营业场所的实际情况，对其推出 ATM 机的构造和工作原理更有条件了解，更有能力预防犯罪，因此商业银行应对其提供的交易场所以及 ATM 机承担安全保障义务，保障储户的人身、财产以及信息等安全。而普通的借记卡持有人，不必然对自助银行的设施具有专业知识，因此在用借记卡进行存取款业务时，只要尽到了合理的注意义务，保护好密码与借记卡，按照 ATM 机的提示按照正确的程序操作，便履行了安全使用借记卡的义务。

本案顾骏在被告处办理了一张太平洋借记卡，与被告建立了储蓄合同关系。顾骏作为一个普通的借记卡持有人，在使用中国银行上海市南京东路支行所设的自助银行时，虽然注意到该自助银行的门禁处多了一个新装置，但因其不具备相关的专业知识，又加上该自助银行没有操作规范、使用说明和风险提示，顾骏无法识别这个新装置的用途。另外顾骏的借记卡未丢失，密码也未泄露给其他人，也未委托他人使用，也就是说顾骏尽到了一个普通持卡人应尽的注意义务、保密义务。顾骏发现借记卡内的资金短少后马上报警，并及时采取了相关措施，以防止损失的扩大。因此，顾骏的借记卡信息和密码被窃取，顾骏不存在过错。而商业银行作为专业机构未及时检查其经营场所存在的安全隐患，致使顾骏的借记卡密码被窃取，商业银行未尽到对储户信息的安全保障义务，应当承担由此造成的损失。

犯罪分子利用窃取的借记卡信息和密码伪造借记卡到 ATM 机上取款，因银行在推出 ATM 机时，没有赋予其识别借记卡真伪的功能，以至 ATM 机向持伪卡的犯罪分子付款。而作为储蓄合同凭证的真借记卡没有用于交易，犯罪分子利用窃取的借记卡信息和密码伪造的借记卡进行的交易，不能视为商业银行与顾骏之间的交易。对商业银行的损失，真卡持有人顾骏没有过错。犯罪分子利用伪造的借记卡与商业银行进行交易，侵犯了商业银行的财产权，给商业银行带来财产损失。商业银行有权要求伪造卡使用者承担侵权责任。商业银行对于真卡持有人仍负有如实支付的义务。综上，上海交行未尽安全保障的义务，导致原告顾骏借记卡内的资金减少，应当承担赔偿责任。

【案例三】 银行挂失电话冗长致客户存款被转走的责任承担

一、案情简介[①]

2006年7月4日下午6时许，舒某来到中国工商银行番禺区百越支行，在ATM柜员机上分7次将现金51 900元存入银行卡。当舒某按操作提示确认最后一笔存款数额时，一男子突然对舒某说了一句话，内容大概是"钱掉在地上了"的"好心提醒"。舒某不由自主地低头寻找，与此同时，另一名男子将一张银行卡插入了柜员机。

之后，舒某看到"自己"的银行卡已经吐了出来，便拔出银行卡。此时，身旁的男子强行将舒某挤出。舒某意识到危险，走出自助银行大厅后立刻报警。

银行存款记录显示，舒某存入最后一笔钱的时间是6时58分，几乎同时，6时58分，舒某的银行卡密码被修改，7时02分转账5 000元现金，7时03分提取现金1 000元。在不到4分钟的时间内，舒某的银行卡被重新设置了密码，刚刚存入的51 900元几乎全部被取走。

6时59分，舒某报警，并在7时02分犯罪分子尚在操作转账和尚未提取现金时，呼叫银行的自助语音系统，但过了7分钟后才成功转入人工服务，7时23分才成功办理挂失。舒某挂失共花去21分钟。

法院经审理认为，该自助银行没有在合理限度内保证储户的人身、财产安全，对舒某的损失有一定过错。但本案中，舒某使用柜员机存入大笔款项，一个人单独长时间操作，自身缺乏安全防范意识是造成其损失的主要原因。因此法院判令舒某自负80%的责任，银行承担20%的赔偿责任，即10 200元。

二、思考与练习

法院对本案的判决是否恰当？

[①] 案件源自：魏丽娜. 银行挂失电话冗长致客户5万被转走. 广州日报，2008－08－08（A37）. http://gz-daily.dayoo.com/html/2008－08/08/content__282589.htm.

三、分析与评点

ATM 柜员机是银行服务场所的延伸，在 ATM 柜员机上办理业务的风险远远高于银行柜台业务办理。危险控制理论认为：人类生存于社会中，凡对他人创造危险，必须对于其后果负责；责任基础并不在于有无过失，而系因其创造危险。属于不作为责任原始形态的对他人侵权行为之责任领域内，监督者控制潜在危险的义务通常来源于他对危险源的控制能力。① 也就是说"谁能够控制、减少危险，谁承担责任"。银行作为专业的金融机构，在经济、技术方面拥有远胜于一般客户的抗风险能力，对于 ATM 柜员机的性能更为熟悉，对各种潜在的风险更有预见能力，更有能力采取措施防止损害的发生或减轻损害。另外，银行推出 ATM 柜员机服务，有利于扩大其业务，增加其盈利。依据"风险与利益相一致的原则"，银行应该对侵权案件高发的"自助银行"，负有更为谨慎的注意义务和安保义务。银行应加大防范力度，提高银行卡科技含量，切实保护储户利益不受侵犯。如果银行未尽到合理范围的安全注意义务和安保义务，则银行在其过错范围内承担相应的责任。而作为客户，使用 ATM 柜员机从事存取款业务同样也应当承担其能预见范围的控制风险的义务，尽到对自己人身及财产的安全注意义务，如果储户没有尽到自身的注意及防护义务，银行可减责甚至免责。

在本案中，储户舒某使用柜员机存入大笔款项，他应当能够预见到其中的风险，可以控制和避免潜在的风险，他可以到窗口办理相关存款业务从而避免风险的发生。但由于舒某的疏忽大意而未预见到风险或者舒某过于自信，相信自己能控制其中的风险，他没有到柜台存款，而选择了使用柜员机存入大金额的现金，这样舒某就将自己置于风险中。又加之其缺乏安全防范意识，最终导致银行卡被调包、大额资金被转走。舒某所受损失，自身存在过错，应对损失承担主要责任。

银行的自助语音服务系统拖沓、冗长，没有为储户提供及时有效的服务，使舒某失去了最关键的几分钟，不能及时挂失，从而失去了挽回损失的机会，银行应当就其提供的服务有瑕疵而承担次要责任。法院判决银行承担 20% 的责任是比较合适的。

【案例四】 银行对储户的安全保障义务问题

一、案情简介②

2006 年 12 月 24 日，崔女士委托侄女——21 岁的小红到中国农业银行石家庄石门支

---

① 张新宝，唐青林. 经营者对服务场所的安全保障义务 [J]. 法学研究，2003 (3).
② 案件源自：蔡艳荣，马征杰. 储户银行内取钱被抢，银行应担责 [N]. 燕赵都市报，2008 - 03 - 10 (21). http://epaper.hebnews.cn/yzdsb/20080310/index.htm.

行正东路分理处取钱。小红从工作人员手里接过6万多元钱正往书包里装,还没离开柜台,突然从身后冒出一名男子抢了钱撒腿就跑,刚取的6万元被抢。崔女士与银行方交涉补救办法,未达成一致意见,于是,崔女士诉至法院,要求银行赔偿其损失。该案经过新华区法院和石家庄市中级人民法院两审,最后石家庄市中级人民法院维持了新华区法院作出的一审判决,判决银行和崔女士分别承担70%和30%的责任。

二、思考与练习

本案法院判决银行承担法律责任的依据是什么?

三、分析与评点

本案商业银行已按照相关规定履行了服务合同约定的义务,完成了实际交付,法院为什么判令银行承担违约责任呢?法院判令银行承担责任,是因为商业银行对储户的人身以及财产未加以妥善保护,违反了后合同义务而构成违约。

所谓后合同义务是指在合同履行结束后,当事人应当根据交易习惯,本着诚实信用的原则,负有某种作为或不作为义务,协助相对人处理善后事宜。《合同法》第九十二条规定,合同的权利义务终止后,当事人应当遵循诚实信用原则,根据交易习惯履行通知、协助、保密等义务。本案中,银行将所取款项交付储户,即表示银行已经完成了实际交付,交易已结束,款项的所有权转移到储户,风险也随之转移到储户。但因银行的行业特点吸引了无数罪恶的眼睛,发生在银行的盗窃、抢劫等犯罪行为屡见不鲜,保障客户的安全是银行的重要义务。《商业银行法》第六条规定,商业银行应当保障存款人的合法权益不受任何单位和个人侵犯;设立商业银行,应当有符合要求的营业场所、安全防范措施和与业务有关的其他设施。另外,《消费者权益保护法》第十八条也规定:"经营者应当保证其提供的商品或者服务符合保障人身、财产安全的要求。"即使商业银行已经完成了实际交付,银行仍应对储户的人身及财产在合理限度内承担安全保障的后合同义务,保障储户安全的离开其营业场所。

本案中,小红正将取款装入包中,还未离开柜台就遭到抢劫,损失了6万元。说明银行对预防抢劫等犯罪行为的发生,未采取合理范围内的防范措施,未能完全履行其安全保障义务,也即未完全履行后合同义务,应当对储户的损失承担违约责任。

本案崔女士遭受的损失,银行不是直接的加害人,崔女士损失与银行没有直接的因果关系,应当由直接侵害人承担赔偿责任,不应由银行承担全部责任。银行只在履行安全保障义务上存在过错,其能够防止或者制止损害的范围内承担相应的赔偿责任。本案银行在履行安全保障义务中存在过错,因此法院判其承担七分责任是合理的。崔女士的受托人小红对其保管的财物同样负有注意义务,但因其疏于防范,对钱物的被抢也负有一定的责任,小红是崔女士的受托人,其行为后果应当由委托人崔女士承担,因此崔女士也应当对自己的损失承担一定的责任。

【案例五】银行承担安全保障义务的范围

一、案情简介[①]

2007年3月26日,中山市东欧的谭小姐到该市一家银行准备办理汇款,她将车停放在银行门前的客户专用车位后,进入营业厅领取排号单。由于在她之前还有29人在等候,于是她便离开了营业大厅。当她走下营业厅台阶准备上车时,遭到两名男子抢劫,手袋被抢。手袋里装着五万多元现金,还有各类证件和信用卡。谭小姐当即向派出所报了案,但案件至今没有侦破。谭小姐遂以银行没有履行好服务合同造成其财产受损为由,向中山市人民法院提起诉讼,请求判令银行赔偿经济损失人民币5.5万元、港币2 300元。

一审法院经审理认为,银行对在其停车场所发生的因第三人而为的侵权行为不负有安全保障义务,对谭小姐财产受损的后果不负民事责任,驳回了谭小姐的诉讼请求。

谭小姐不服一审判决,提起上诉。

经法院调查证实:谭小组停车处属于银行用地范围,紧邻银行营业厅大门,是消费者在接受服务后离开的必经之地。银行在营业厅内配备保安,未在营业厅外配备,银行在其营业厅外安装了监控设备,但其提供的相关录像资料不能分辨出施害人基本的体貌特征,无法为公安机关提供有价值的破案线索。

二审法院经审理认为,谭小姐在银行营业厅领取了排号单,后虽未办理业务即离开,但实际进入服务场所的任何人,包括消费者和其他潜在的消费者,都应是银行安全保障义务相对应的权利主体,银行都应对其承担安全保障义务。但因谭小姐对其遭受的现金损失无法充分证明,其损失无法认定,遂判令银行赔偿谭小姐人民币1 000元。

二、思考与练习

1. 银行有哪些安全保障义务?
2. 银行安全保障义务的空间范围以及对象是什么?
3. 处理本案的基本思路是什么?

三、分析与评点

(一)银行安全保障义务的含义及内容

银行的安全保障义务是商业银行应承担合理的注意义务和采取合理的措施预防客户

---

① 案件源自:邓新建,邓珺,李志金. 停车场内遭抢 银行仍要担责 [EB/OL]. http://www.legaldaily.com.cn/bm/content/2008-09/25/content__951938.htm.

遭受人身或者财产的损害的义务。《中华人民共和国商业银行法》第六条规定："商业银行应当保障存款人的合法权益不受任何单位和个人的侵犯。"《中华人民共和国合同法》第六十条第二款规定："当事人应当遵循诚实信用原则，根据合同的性质、目的和交易习惯履行通知、协助、保密等义务。"银行有义务对其经营场所承担安全责任，以保障进入其营业场所的消费者的人身以及财产安全，顺利办理银行业务。

银行安全保障义务的内容主要包括硬件和软件两大方面：硬件方面的安全保障义务包括服务设施的安全保障、配备相应的保安人员等；软件方面的安全保障义务包括警告义务，消除内部不安全因素义务，消除外部不安全因素义务，救助义务，法律、法规所规定的应由义务人承担的其他注意义务。另外按危险发生的时间顺序分，安全保障义务可以分为危险预防义务以及危险救助义务。

（二）银行安全保障义务的空间范围以及对象

银行所承担安全保障义务是"合理限度内的安全保障义务"，是根据银行的行业特点、经营场所等情况来确定其承担安全保障义务的具体内容及范围。银行承担安全保障义务的空间范围，主要是银行的经营场所，如营业大厅、贵宾室等，也就是说在营业大厅出现的对客户的人身和财产的侵害，如银行不能证明其已按照诚实信用原则完全而充分地履行了安全保障责任，则应依法承担相应的责任，对于营业大厅外发生的侵害行为一般不负责任。但是，也有例外的情况。因为银行的服务对象往往带有现金出入，银行安全保障义务的空间范围应当根据具体情况确定。

银行的安全保障义务的对象不仅包括已与银行成立存储关系的客户，也包括即将与银行建立储蓄合同关系的潜在的客户，还包括其他进入银行营业场所的自然人。

（三）本案处理的基本思路

本案银行是否应当承担赔偿责任，关键是要弄清楚两个问题：一是银行对营业大厅外的停车场是否有安全保障义务；二是银行是否应对未办理业务就离开的谭小姐承担安全保障义务。

法院认为：银行所服务的对象经常携带大量现金出入，银行的安全保障义务应在空间上予以适当延伸，不能局限于其封闭的营业场所之内。谭小姐在走下营业厅台阶准备上车时被抢劫，即在营业厅外被抢，但因停车处紧邻银行营业厅大门，是储户接受服务后的必经之地，同时也属于银行用地范围，因此银行的安全保障义务应当在空间上适当延伸至其停车场，并且银行有能力对其所属范围履行安全保障义务。银行在紧邻其营业厅的停车场未配备保安，虽安装有监控设备，但监控设备所录资料不能分辨出施害人基本的体貌特征，无法为公安机关提供有价值的破案线索，也就是说银行在硬件方面未尽到安全保障义务。根据《最高人民法院关于人身损害赔偿的司法解释》第六条第一款规定，"从事住宿、餐饮、娱乐等经营活动或者其他社会活动的自然人、法人、其他组织，未尽合理限度范围内的安全保障义务致使他人遭受人身损害，赔偿权利人请求其承担相应赔偿责任的，人民法院应予支持"。本案银行未尽到"合理限度范围"内的安全保障义务，应当承担损害赔偿责任。

另外，谭小姐在银行营业厅领取了排号单，虽然没有办理业务就离开，但其已实际进入服务场所，是潜在的客户，银行也应当承担对其的安全保障义务。

造成谭小姐损失的直接原因是第三人的侵权行为，而非银行，且其无证据证明其所受损失，因此，银行仅需要在自己的过错范围内对谭小姐的损失承担补充赔偿责任。

【案例六】银行的保密义务问题

一、案情简介[①]

原告森得兰夫人在巴克利银行有一支票账户。银行拒绝承兑原告的支票，理由是她的账户上没有足够的现金。但是银行真正的理由是森得兰夫人过去所开的支票的收款方大多是一家赌场的老板。根据巴克利银行的规定，此类账户不得透支。由于支票未获承兑，原告通过电话与银行进行交涉。随后，原告的丈夫接过电话直接与该银行职员交涉。该职员随即将实情告诉了原告的丈夫。为此，森得兰夫人向法院提起诉讼，控告巴克利银行违反保密义务，随意将其赌博的情况告诉她的丈夫。英国法院裁定森得兰夫人败诉。

二、思考与练习

1. 银行保密义务的含义及银行保密义务的范围包括哪些？
2. 银行保密义务的免除理由有哪些？
3. 本案银行是否违反了保密义务？是否应当承担赔偿责任？

三、分析与评点

（一）银行保密义务的含义及银行保密义务的范围包括哪些

银行保密义务是指银行对其所能获知的任何有关客户的秘密都不能泄露，如果违反该项规定而导致客户蒙受损失，银行应承担法律责任。

银行保密的范围应当包括：银行基于与客户的信赖关系所知悉的事项，不论是客户告知的或是银行自行调查所得，都包括在内。如客户的资信，客户在银行的往来账户及其他存款账户的活动情况，按照惯例客户向银行提交的各种财务报表，每笔贷款的具体数额及投向，客户经营上的秘密，例如经营情况、销售渠道等。银行与客户业务往来中

---

① 案件源自：骆诺. 论银行保密制度. 湖南大学硕士论文，2007：13.

了解到的有关客户个人隐私，例如婚姻状况等，根据合同附随义务的观点，也在保密义务的范围内。

（二）银行保密义务的免除事由

《中华人民共和国商业银行法》（以下简称《商业银行法》）第二十九条表明对个人存款保密的义务法律另有规定的得以免除。第三十条也表明对单位存款保密的义务法律或行政法规另有规定的得以免除。通常在以下几种情况下泄露客户的秘密不承担法律责任。一是公共利益，如在战争期间，对敌方账户的公开。二是银行自身的利益。典型情况是银行对客户提起诉讼，追还贷给客户的金额，因而必须在诉讼文件上披露客户账户的现状。三是经客户同意披露的信息。如客户授权银行向其委托的会计师提供情况，以协助会计师处理某些事宜，其他如商业惯例中的资信情况的提供，除非客户明确表示不允许，否则，应视为客户已默认同意。四是法律强制披露。如《商业银行法》第二十九条规定：对个人储蓄存款，商业银行有权拒绝任何单位或者个人查询、冻结、扣划，但法律另有规定的除外。《商业银行法》第三十条规定：对单位存款，商业银行有权拒绝任何单位或者个人查询。但法律、行政法规另有规定的除外；有权拒绝任何单位或者个人冻结、扣划，但法律另有规定的除外。《民事诉讼法》第二百一十八条规定：被执行人未按执行通知履行法律文书确定的义务，人民法院有权向银行、信用合作社和其他有储蓄业务的单位查询被执行人的存款情况，有权冻结、划拨被执行人的存款，但查询、冻结、划拨存款不得超出被执行人应当履行义务的范围。人民法院决定冻结、划拨存款，应当作出裁定，并发出协助执行通知书，银行、信用合作社和其他有储蓄业务的单位必须办理。五是银行征信资料的交换。银行之间征信资料的交换是银行保密的免除事由是国际惯例。交换征信资料，是银行间的互惠制度，有利于银行及时了解客户的情况，发展银行业务，保护整个银行业的利益。

（三）本案银行是否违反了保密义务？是否应当承担法律责任

在当事人同意的情况下，不论是明示的还是默示的，都可以免除银行的保密义务。本案森得兰夫人允许其丈夫代替她讲电话，即以默示的方式同意银行将其情况告诉她丈夫。同时银行为了维护自身的利益而将森得兰夫人的有关情况告诉她丈夫，这种情况下银行公开客户的信息不构成违反保密义务。因此法院最终没有支持森得兰夫人的诉讼要求，银行不承担责任。